LES

# SUPÉRIORITÉS MODERNES,

OU

LE BARON

# DE SOUSSUSSOUS.

---

TOME II.

PARIS. — IMPRIMERIE DE G.-A. DENTU,
rue d'Erfurth, n° 1 *bis*.

LES

# SUPÉRIORITÉS MODERNES,

OU

LE BARON

# DE SOUSSUSSOUS,

## COMÉDIE-PROVERBE

EN QUATORZE ACTES ET EN PROSE,

DESTINÉE A SERVIR DE DOCUMENT
A L'HISTOIRE DU DIX-NEUVIÈME SIÈCLE, DEPUIS LE 1er JANVIER 1820
JUSQU'AU 1er JANVIER 1830 EXCLUSIVEMENT.

DÉDIÉ A LA JEUNE FRANCE,

PAR SON TRÈS-HUMBLE ADMIRATEUR

CLAUDE JOBIN,
ganache du dix-huitième siècle.



TOME SECOND.

A PARIS,
CHEZ G.-A. DENTU, IMPRIMEUR-LIBRAIRE,
rue d'Erfurth, nº 1 *bis*;
ET PALAIS-ROYAL, GALERIE D'ORLÉANS, Nº 13.

1832.

LE BARON

# DE SOUSSUSSOUS.

# NOMS DES PERSONNAGES.

1. Le baron DE SOUSSUSSOUS, banquier populaire, gentilhomme moderne.
2. La baronne DE SOUSSUSSOUS, née comtesse Sydonie de Merluchet, femme sensible, supérieure et prétentieuse.
3. Le comte Edouard DE MORDANT, parasite moderne, libéral de profession, enthousiaste de la baronne.
4. VIEUGREDIN, philosophe moderne, parasite du temps passé, intime ami du baron de Soussussous.
5. M. D'AUTREFOIS, parrain de Cécile, vieux bourgeois de Paris, ultrà-royaliste incorrigible.
6. CÉCILE DE SOUSSUSSOUS, fille unique de M. et Mme de Soussussous.
7. Le duc D'EMBROUILLAMINI, grand seigneur libéral et carbonariste étranger, pair de France, futur de Cécile.
8. LA FLEUR, domestique, puis valet de chambre, puis maître d'hôtel du baron.
9. L'ENCAISSE, caissier principal de la maison Soussussous.
10. DONTUN, agent de change.
11. LAFRANCE, maître-d'hôtel, puis caissier principal.
12. FRIBOURG, Suisse de l'hôtel de Soussussous.
13. M. DÉBAPTISÉ, journaliste, rédacteur en chef du journal *le Royaliste par circonstance*.

14. M. RÉBECCOT, journaliste, rédacteur en chef du journal *le père Duchêne de salon*.

15. M. le baron DU LUGUBRE, poëte héroïque en prose.

16. M. L'AGITÉ, homme d'Etat *in partibus*.

17. M. le vicomte DE NABAUCOURT, gentilhomme de la chambre, et jokei libéral.

18. M. BAVARDIN DE RODOMONT, procureur-général, député des Bouches-de-l'Aveyron.

19. M. DE L'ÉCUSSON, généalogiste à la mode.

20. M. le vicomte DE TREMBLOTIN, ex-émigré, ex-écuyer de la famille impériale, pair de France.

21. M. DUPINCEAU, industriel, mathématicien, membre de l'institut et de toutes les sociétés scientifiques du monde.

22. M. PHILIS LA TREILLE, poëte élégiaque, aspirant à l'Académie.

23. M. SAITOUT, aiglon de l'Ecole polytechnique.

24. Le prince CARBONARINO, libéral italien.

25. Le baron DOMINGO, ministre d'Haïti.

26. Le général SABRETOUT, vainqueur des pyramides d'Egypte.

27. Le colonel LA BALAFRE, vieux brave de la république.

28. MM. SENSÉ et DAPLOMB, notaires.

29. M. DU TRÉSOR, conseiller d'Etat.

30 LA COUPE, tailleur.

31. CHARABAN, carrossier.

32. MM. MUTIUS CRIQUET,<br>ARISTOPHANE LEDOUX,<br>NÉPOMUCÈNE CRESTÉ,<br>NESTOR FLANDRIN, } commis imberbes de la maison Soussussons.

33. GERMAIN, domestique en livrée.

34. GRIPPE-SOLEIL, frotteur.

PERSONNAGES MUETS.

LES

# SUPÉRIORITÉS MODERNES,

OU

LE BARON

# DE SOUSSUSSOUS.

## ACTE IV.

### SCÈNE PREMIÈRE.

LE DUC D'EMBROUILLAMINI, seul.

Espoir d'une félicité surabondante, enfin je vais te réaliser!..... Mais ne laissons pas soupçonner l'excès de mon bonheur, et ne voyons, dans les trésors de l'avare beau-père, que le bien-être et la gloire de l'humanité.

### SCÈNE II.

LE DUC D'EMBROUILLAMINI, VIEUGREDIN.

*Vieugredin.* Comment!..... Pensif?

*Le duc.* Ah!..... cher ami! tel aguerri qu'un homme puisse être contre les caprices de la fortune, il serait peu philosophique à lui de ne pas se méfier de ses faveurs!

*Vieugredin* (*avec enthousiasme*). Qu'il est beau d'être modeste et fortuné!

*Le duc.* J'ai voulu le bien, sans doute, mais j'ai si peu fait pour le parti libéral, que je me trouve inférieur à sa reconnaissance!

*Vieugredin* (*avec attendrissement*). Si toutes les réputations politiques étaient méritées comme la vôtre, quelle source ne serait-ce pas de bonheur et de félicité publique!

*Le duc.* Vous pensez donc que généralement on me veut du bien?

*Vieugredin.* On vous chérit universellement!

*Le duc.* Vous me faites du bien!

*Vieugredin.* Et cela pourrait-il être autrement?... Vous donnez un si noble exemple de tout oubli de vos avantages sociaux.

*Le duc.* C'est en faveur de l'humanité....

*Vieugredin.* Et l'humanité vous en sait gré!... C'est bien naturel!...

*Le duc.* Votre amitié, cher Vieugredin, exagère le peu que je vaux.... Le désir que j'ai d'être utile me tient, sans doute, lieu du mérite que vous m'attribuez trop généreusement.

*Vieugredin.* C'est le mérite vrai que je considère, et qui vous distingue éminemment dans le parti libéral, qui, je dois en convenir avec vous, vit de prétentions et de vanité.

*Le duc.* Ne m'élevez aux dépens de personne, cher ami; car si quelques-uns de nos amis, et je n'en disconviens pas, ne sont pas dignes de s'associer à nos travaux régénérateurs, beaucoup d'autres sont des hommes de bien.

*Vieugredin* (*confidentiellement*). Je les connais, et très-peu d'entre eux partagent votre noble désintéressement!

*Le duc.* Vous le croyez?

*Vieugredin.* Hélas! tous les êtres ne sont pas retenus par leur naissance dans ces bornes de délicatesse et de désintéressement que votre origine vous impose de génération en génération. La plupart du temps ce n'est que de l'argile dont nous nous faisons de fragiles divinités!..... Vous êtes le métal pur et primitif!

*Le duc.* Ainsi vous croyez ma fortune politique présumable?

*Vieugredin.* J'ai de l'expérience...... et du monde..... Vous irez à tout!

*Le duc.* Et mon bonheur privé, qu'en pensez-vous? qu'en dites-vous?...

*Vieugredin.* Je puis répondre du beau-père,

c'est un être secondaire; mais je dispose, bien entendu, de ses sentimens politiques, mais non de sa conception financière; c'est sa femme qui domine seule son esprit parcimonieux.

*Le duc.* Mais ne pourrait-il pas avoir une ambition autre que celle de donner sa fille à un étranger, qui n'est Français que par sentiment....

*Vieugredin.* Et par des lettres, des lettres de grande naturalisation, mon cher duc!

*Le duc.* Et le concours, l'autorité d'une puissance despotique ne pourraient-ils influer sur le choix de cet homme d'Etat?

*Vieugredin.* Nous n'en sommes plus au temps de Buonaparte, et notre tyrannie ne va pas si loin.

*Le duc.* Je crains, d'un autre côté, que le baron, parcimonieux de sa nature, ne s'immisce dans le détail d'une fortune que beaucoup de sacrifices à la cause humaine.....

*Vieugredin (l'interrompant).* Non, vous flattez toutes ses espérances! Ne lui demandez rien.... voilà tout!..... et laissez-nous faire.

*Le duc.* Et que sont-elles ses espérances?

*Vieugredin.* Tout ce qu'il désire, c'est le ministère des finances, ne fût-ce que pour un jour.

*Le duc.* Et qu'espère-t-il donc en vingt-quatre heures?

*Vieugredin.* Le cordon bleu!

*Le duc.* Comment! le baron de Soussussous aspire à ces colifichets!

*Vieugredin.* Colifichets!... Ecoutez donc, cher duc, le cordon bleu!..... C'est le beau idéal de la finance moderne!

*Le duc.* En effet, la carrière s'est améliorée!

*Vieugredin.* Et le baron n'a d'espoir que par vous et par le parti libéral, qui reconnaîtra sans doute un jour inévitablement (et cela ne saurait être bien long du train dont on y va), par le ministère des finances, les qualités solides et financières du baron, l'honneur qu'il a de vous appartenir, et l'excellente maison de M^me^ la baronne.

*Le duc.* Je voudrais vous savoir le même crédit sur l'esprit de cette femme distinguée!

*Vieugredin.* Elle a la tête montée; et si rien n'altère ses bonnes dispositions!..... si nous étions assurés de la constance de ses sentimens!....

*Le duc* (*inquiet*). A propos, et notre négociation!..... et de Mordant..... vous êtes-vous assuré de ses dispositions?

*Vieugredin.* J'ai vu l'homme!

*Le duc.* Eh bien?

*Vieugredin.* Le moment n'était pas favorable!

*Le duc.* Comment?

*Vieugredin.* Vous connaissez sa délicatesse, sa susceptibilité!.... je n'ai pas franchement abordé la question!

*Le duc* (*agité*). Ainsi vous n'avez rien fait?

*Vieugredin.* J'ai craint.

*Le duc* (*avec inquiétude*). Et mes billets?

*Vieugredin* (*avec empressement*). Les voici (*le duc hésite*)..... Reprenez-les, je vous le demande en grâce.

*Le duc.* Cher ami!

*Vieugredin.* Je ne veux pas plus long-temps me sentir la responsabilité de ce fardeau!

*Le duc* (*troublé*). Désespérez-vous de l'homme?

*Vieugredin.* Non, mais je ne suis pas sûr de lui!

*Le duc.* Craindriez-vous quelque trahison de sa part?

*Vieugredin.* Je ne serais pas étonné qu'il n'eût reçu d'autres offres de service!..... Je crains qu'on n'ait fait des avances..... Mais je crois qu'il se conduira bien!..... Il est délicat; il est libéral!... mais il sent sa force!..... La négociation est épineuse, et j'aime autant ne pas m'en charger.

*Le duc.* Refuseriez-vous de me continuer vos bons offices?

*Vieugredin.* Non; mais je crains quelque maladresse de ma part!.... Reprenez ces billets, et n'en parlons plus.

*Le duc.* Cher ami, je sens toute l'importance du service que vous m'avez promis!.... Ne m'abandonnez pas à mon extrême inquiétude!

*Vieugredin.* Vous le voulez absolument! Il faut bien que j'y consente, puisqu'il y va de votre bonheur; mais je ne vivrai pas tant que je me sentirai nanti de ces valeurs. (*Il remet les billets dans son porte-feuille.*)

*Le duc.* Je remets ma fortune en vos mains!

## SCÈNE III.

LE DUC D'EMBROUILLAMINI, VIEUGREDIN, LE BARON DE SOUSSUSSOUS.

*Le baron* (*au duc*). Monsieur.... le duc, assurément!... Assurément.... M. le duc!..

*Le duc.* M. le baron, notre estimable ami commun, le respectable M. Vieugredin, vient de m'apprendre que vous exauciez les vœux que je formais d'avoir l'honneur de vous appartenir, et je me suis empressé de vous apporter l'expression de ma reconnaissance.

*Le baron.* Effectivement, M. le duc... La baronne... M^me^ la baronne de Soussussous vient de m'annoncer cette bonne nouvelle, et je suis charmé que cela fasse le bonheur de tout le monde!...

*Vieugredin.* La joie est universelle.

*Le duc* (*avec épanchement*). J'avais besoin d'être Français!

*Le baron.* C'est bien aimable de votre part!

*Le duc.* On ne vit effectivement que sous le gouvernement représentatif.

*Le baron.* On ne respire que là!

*Le duc.* Les lois constitutionnelles de ce pays à peu près heureux, ont nationalisé toutes mes idées, tous mes sentimens! La patrie n'est-elle pas où l'on est à peu près bien?

*Le baron.* C'est parfaitement sensé, M. le duc, et bien dans les idées modernes!....

*Le duc.* Pourquoi s'entêter à n'aimer qu'une terre ingrate? qu'un système d'oppression?

*Le baron.* C'est tout à fait cela!...

*Le duc.* Il faut en revenir aux sensations naturelles!

*Le baron.* Il n'y a pas le moindre doute à cela.

*Le duc.* On n'aime que ce qui nous fait du bien.

*Le baron.* Sans aucun doute!

*Le duc.* On n'estime aujourd'hui que les réalités!

*Le baron.* Nous n'en sommes plus au temps des préjugés!

*Le duc*. Ils sont loin de nous!

*Le baron*. Nous voulons du positif!

*Le duc*. Je ne connais aujourd'hui que la fortune qui soit un avantage sans être un préjugé!

*Le baron*. C'est une vérité qu'on peut appeler fondamentale.

*Le duc*. Personne n'a de reproche matériel à faire à la fortune!

*Le baron*. C'est sûr!... Les titres ont leur mérite, sans doute!...

*Le duc*. Oui, quand on les méprise!

*Le baron*. Quand on n'en fait pas état!

*Le duc*. La fortune est de tous les temps!

*Le baron* (*avec prétention*). Elle est aussi, remarquez-bien, de toutes les époques!

*Le duc* (*bas à Vieugredin*). Il a plus d'idées que je ne pensais!

*Vieugredin* (*bas au duc*). Perroquet!...

*Le duc* (*bas à Vieugredin*). Il a des éclairs!

*Vieugredin* (*bas au duc*). Il a des millions!

*Le duc*. Au reste, M. le baron, je souhaite ardemment, et avant tout, que vous soyez bien persuadé, que ce sont encore plus vos sentimens philantropiques et si favorables au progrès des lumières humaines, que toutes autres considérations, qui me font apprécier si haut l'honneur de vous appartenir, et les liens de famille qui vont m'unir à vos intérêts les plus chers.

*Le baron.* C'est bien réciproque de ma part, M. le duc, je vous le garantis!

## SCÈNE IV.

LES PRÉCÉDENS, ÉDOUARD DE MORDANT.

*Le baron.* Vous savez le bonheur qui m'arrive!

*De Mordant.* Je ne sais jamais rien!

*Le baron.* Et vous y prendrez part, j'en suis bien sûr.

*De Mordant.* C'est me rendre justice!

*Le baron.* Cécile épouse le duc.... M. le duc d'Embrouillamini.

*De Mordant.* Je lui en fais bien mon compliment; je l'avais ouï dire, et vous-même me l'aviez annoncé tantôt.

*Le baron.* Je l'avais oublié!

*Le duc (à Vieugredin).* Il est bien froid!

*Vieugredin.* C'est sa manière!

*Le baron.* Les libéraux se réjouiront de cette affaire, j'en suis bien sûr!

*Vieugredin.* Et les fonds publics, ce thermomètre invariable de l'allégresse nationale, n'auront garde de rester insensibles à cet évènement!

*De Mordant*. Cela fera sourire les uns et murmurer les autres!... Chaque bonheur a son mauvais côté!

*Le baron*. Vous voyez tout froidement.

*Le duc* (*bas à Vieugredin*). Cet homme m'effraye!

*Vieugredin* (*au duc*). Il a de l'humeur; ses affaires vont mal; nous en viendrons à bout.

## SCÈNE V.

LES PRÉCÉDENS, LA BARONNE DE SOUSSUSSOUS.

*La baronne*. C'est un évènement bien heureux, M. le duc, que celui qui va nous réunir de famille, d'intelligence et de sentimens.

*Le duc*. La réunion des intelligences, M^me^ la baronne, est la manière la plus irrévocable d'accroître les facultés de l'esprit humain; et sans doute, Madame, l'honneur de vous appartenir est un moyen décisif d'améliorer l'ordre social, but auquel nous nous livrons avec l'ardeur la plus pure!

*La baronne*. Incontestablement, les alliances assorties d'intelligences et de supériorités sont un des moyens les plus efficaces de tirer l'esprit humain de ces routines, de ces préjugés qui forcent les nations à se mouvoir dans des routines ténébreuses, mais dépassées!

*Vieugredin* (*au baron, assez haut pour être entendu de la baronne*). Qu'elle a d'esprit!...

*Le duc.* C'est la routine des siècles dont la tradition funeste n'est pas encore sans influence, qui retarde la marche irrésistible des progrès de l'esprit humain, si susceptible de développement et de perfectibilité; mais vous formerez une génération qui doit faire époque, et qui posera sans doute et définitivement les limites de l'esprit humain!

*Le baron* (*bas à Vieugredin*). Ce n'est pas une ganache du dix-huitième siècle!

*Vieugredin.* Je vous en réponds!

*Le baron.* Et je crois que mes petits-enfans feront du bruit dans le monde!

*Vieugredin.* Il y a tout à parier!

*La baronne* (*au duc, pendant que le baron et Vieugredin causent ensemble. De Mordant lit un journal, et paraît de mauvaise humeur*). J'ai trempé son âme, monsieur le duc, et ma fille fera par caractère, ce que l'on attend en général des momeries dont on aurait entouré sa jeunesse. Je vous avouerai cependant, que pressée par une parenté assez obscure, celle de son père, je n'ai pu la soustraire à l'usage commun; et pour éviter une véritable persécution, ma fille a rempli ce que le vulgaire appelle *les devoirs de sa religion.*

*Le duc.* Je suis infiniment touché, madame, de cet aveu plein de confiance et de délicatesse, et je ne puis douter que les hautes dispositions de M^lle de Soussussous développées par un esprit tel que le vôtre, ne produisent infailliblement la complète félicité d'un homme exempt de préjugés, et qui se fie entièrement à votre prévoyance éclairée. Mademoiselle votre fille ne peut être qu'un assemblage privilégié des dons de la nature, et ma félicité ne peut être qu'assurée !

*La baronne.* Je n'en ai pas fait une femmelette. Je puis vous en assurer.

*Le duc.* Je m'en rapporte entièrement à vous.

*La baronne.* Vous trouverez en elle une âme de Spartiate.

*Le duc.* Ce sont là les vertus qu'il me faut.

*La baronne.* Pour le caractère, monsieur le duc, ma fille ne vous laissera rien à désirer !

*Le duc.* Elle est le portrait vivant de sa mère !

*La baronne.* Elle est d'une confiance en moi, qui vous répond de sa conduite politique et privée.

*Le duc.* Des dispositions naturellement heureuses, sous une telle direction ne peuvent que former toutes les qualités intimes et sociales qui font le charme de la vie!

*La baronne.* Votre haute naissance, par le peu de cas que vous en faites, et ce caractère philosophique et chevaleresque tout à la fois, et qui sait se prêter si généreusement aux nécessités intellectuelles de la nature humaine, ont, je vous l'avouerai, séduit toute mon imagination, et m'ont fait confondre dans ma pensée séduite, le bonheur d'une fille idolâtrée, et la perfection idéale et philosophique de l'intelligence humaine!...

*Vieugredin* (*au baron*). Femme prodigieuse!

*Le baron.* Je ne comprends pas toujours tout ce qu'ils disent (*avec malice*); mais je crois que c'est ma faute.

*Vieugredin.* C'est de la modestie de votre part, ou du sarcasme! (*Le baron sourit.*)

*Le duc.* Oh, madame, comment exprimer en langue française ce que je ressens d'admiration et de reconnaissance pour tous les sentimens élevés, francs et généreux que vous développez à mon égard avec tant d'éloquence et de simplicité!..... Oui, madame, votre langue, la langue française n'a pas des expressions assez fortes pour exprimer l'excès de mon admiration et de ma reconnaissance.

*Vieugredin.* Dieux! qu'il est touchant de voir

tant de supériorités se réunir d'intelligence, de fortune et de sentimens, pour le bien-être et la gloire de l'humanité!... Cela m'attendrit... Véritablement!

*De Mordant* (*qui lit un journal sans prendre part à l'entrevue, s'écrie avec mépris.*) Vil flatteur!...

*Le baron.* Ce cher Vieugredin! il est tout sensibilité!...

*La baronne.* Venez, monsieur le duc, je veux vous présenter à ma fille, et hâter, autant que possible, les instans heureux qui combleront les vœux de nos amis communs! (*La baronne et le duc sortent, et le baron les suit.*)

## SCÈNE VI.

VIEUGREDIN, DE MORDANT.

*De Mordant.* Véritablement, Vieugredin, vous humiliez le métier!..... Vous êtes si rampant auprès du duc, si flagorneur auprès du baron, que vous vous ferez honnir par les esprits un peu relevés du parti, et votre bassesse déversera sur vous un ridicule ineffaçable.

*Vieugredin.* Chacun a sa manière! Parasite du temps passé, j'en conserve les habitudes, parce que je m'en trouve assez bien. Parasite du temps moderne, votre effronterie vous sert également de fortune : conservons nos rôles, croyez-moi, sans nous disputer sur notre mode de prospérité!

*De Mordant.* Soyez sûr que votre adulation des titres et de la richesse vous brouillera avec l'opinion du jour, avec le parti libéral, qui veut plus de dignité, moins de profonds respects; qui veut un genre de flagorneries moins rampant, plus énergique!

*Vieugredin.* Je dirige ma modique fortune avec prudence!

*De Mordant.* Vous végétez dans un sort commun!

*Vieugredin.* Vous prodiguez la fortune d'autrui, toujours incertain de votre avenir!...

*De Mordant.* Vous ne vous promettez qu'une fortune vulgaire!

*Vieugredin.* Mais mon avenir est certain!

*De Mordant.* Ramper et végéter! Ce n'est pas une existence!

*Vieugredin.* Il est fondé sur l'amour-propre et la crédulité!

*De Mordant.* Vous dégoûtez de la louange par vos basses flagorneries!

*Vieugredin.* On n'a jamais tué personne à coups d'encensoir!

*De Mordant.* Les époques changent!

*Vieugredin.* Les passions humaines sont stagnataires.

*De Mordant.* Vous avez vieilli comme elles!

*Vieugredin.* J'ai vieilli : mais j'ai vu des siècles!

*De Mordant.* Et qu'avez-vous appris?

*Vieugredin.* Beaucoup de faits, par conséquent à connaître les hommes!

*De Mordant.* Et vous jugez les hommes du jour avec vos idées surannées.

*Vieugredin.* Vous vous croyez supérieur?

*De Mordant.* Sans doute!

*Vieugredin.* Jeune tête que vous êtes!

*De Mordant.* Orgueilleuse caboche d'une philosophie décrépite!

*Vieugredin.* Ingrat, vous essayez de m'offenser, lorsque je pense à votre fortune!

*De Mordant.* Qui vous en a chargé?

*Vieugredin.* L'intérêt qui nous unit! L'union qui nous est nécessaire!

*De Mordant.* Que voulez-vous dire?

*Vieugredin.* Tandis que vous vouliez maîtriser la fortune, je la poursuivais dans vos intérêts : voici des billets à votre ordre!... Le duc, persuadé du service que vous lui rendez dans cette maison, et sachant (par moi), sous le plus grand mystère, l'embarras prétendu de votre fortune, a souscrit ces billets à votre ordre.

*De Mordant.* Et qui vous a chargé de mon crédit?

*Vieugredin.* Ils sont de 100 mille francs chacun.

*De Mordant* (*changeant de langage*). Ciel!... La fortune m'arrive à propos!

*Vieugredin.* Si votre délicatesse ne vous permet pas d'accepter ce don de l'amitié, déchirons ces valeurs ignominieuses!

*De Mordant.* Pas de plaisanteries, s'il vous plaît!

*Vieugredin.* Eh bien! jeune homme, pensez-vous que les vieilles caboches de l'ancienne cour et de la révolution n'aient pas quelque connaissance du cœur humain, et ne sachent pas tirer parti de ses faiblesses?

*De Mordant.* Ma foi, je vous rends justice!... Le trait est sublime!

*Vieugredin.* Je vous ai servi, sans vous compromettre.

*De Mordant.* Je ne vous croyais que rusé: mais vous êtes bien pervers!

*Vieugredin.* Vous me flattez! Ne vous humiliez pas à ce point.

*De Mordant.* Allons, vous êtes digne d'une

régénération. Mais voyons ces ingrédiens de ma reconnaissance.

*Vieugredin.* Un instant, nous avons un compte à faire!

*De Mordant.* Allez-vous abuser d'un ami?

*Vieugredin.* Non, je veux en user!

*De Mordant.* Vous êtes un grand misérable!

*Vieugredin.* Je suis du temps passé: mais convenez que dans le siècle de Voltaire, on pouvait avoir de la finesse et quelque intelligence.

*De Mordant.* Et que résultera-t-il de tout cela, misérable!

*Vieugredin.* Du sang-froid!... Et allons avec calme traiter ailleurs de nos intérêts!

# ACTE V.

## SCÈNE PREMIERE.

LA FLEUR (*seul, arrangeant les pupitres dans le cabinet de travail du baron*).

C'est une plaisante race d'hommes que les inférieurs!.. Je suis valet de chambre!.. C'est fort bien!.. Mais ce n'est pas tout!... Il faut être considéré!... Ces gens-là, parce qu'ils m'ont vu leur camarade, hésiteront à m'appeler Monsieur La Fleur!... Je le parie!... J'en suis bien sûr!... Ils voudraient se croire encore mes égaux!... Mais ils y viendront, ou des visages nouveaux m'en feront justice!... Et nous trouverons de bonnes raisons pour les faire mettre à la porte!

Au reste, quand monsieur s'est fait faire monsieur le baron, j'ai bien été quinze grands jours à m'y faire. Le mot de baron me prenait à la gorge et me paraissait tout drôle!... A présent, je n'en ris plus, et je lui donne du Monsieur le baron à tour de bras!... Cela lui fait plaisir, et à moi.... qu'est-ce que ça me fait?

## SCÈNE II.

LE BARON, LA FLEUR.

*Le baron.* Enfin, je puis être seul un instant et penser à ma politique!... Ferai-je baisser les fonds publics pour faire niche à Bourbonet et pour faire plaisir à mes bons amis les baissiers libéraux, qui font de la grande politique à tour de bras, et qui finiront par s'en mordre les pouces?... Il faut cependant que j'agisse!... Je vendrai tout haut : je racheterai tout bas : je ferai de la popularité, et peut-être encore du profit.

*La Fleur* (*bas*). Il n'a pas l'air de mauvaise humeur, parlons-lui de Charaban. (*Remettant des papiers au baron.*) Il y a, Monsieur le baron, un pauvre diable qui a bien envie de parler à Monsieur!

*Le baron.* Un pauvre diable?

*La Fleur.* Monsieur le baron le connaît bien!

C'est ce carrossier qui jadis à fait une voiture à madame la baronne, qui s'en est dégoûtée!... Cet homme demande à être payé!

*Le baron*. Un nommé Charaban, peut-être?

*La Fleur*. Positivement!

*Le baron* (*sèchement*). C'est à l'arrièré.

*La Fleur*. (*bas*). Diable.... (*haut*). Il dit qu'il n'est pas heureux.

*Le baron*. Personne ne l'est, heureux!

*La Fleur*. Et qu'il ne sait que faire d'une femme et de quatre enfans.

*Le baron*. Voulez-vous bien en finir avec vos doléances!... et me laisser en repos!... (*lisant un journal*). Alger.... C'est un plaisant petit potentat!... Voudrait-il faire baisser la rente!... Quelle honte pour la France; ah! qu'on laisse faire les libéraux, ils l'auront bientôt mis à la raison... Mais que peut-on attendre d'un gouvernement déplorable comme le nôtre?

*La Fleur*. Ainsi, je vais dire à Charaban de s'en aller!... Mais il a dit, comme je le dis à Monsieur, qu'il se laisserait plutôt tuer que de sortir sans parler à monsieur le baron.

*Le baron*. Fariboles!... Qu'on me le chasse, et tout de suite!

*La Fleur*. Je vais lui parler vertement.

## SCENE III.

*Le baron* (*seul*). On me croit heureux généralement!... On se dit : « Le baron de Soussussous, quel astre il a!... Tout lui sourit.... » Eh bien! pas du tout!... On est riche; on est accablé de soucis! (*Il tire son calepin*). Deux et deux font.... quatre.... et trois.... Ce Bourbonet!.... Le voilà l'homme du jour! le favori de la fortune! Comme cela va faire l'important, le mystérieux, le protecteur; et d'un autre côté, se voir poursuivi, harcelé pour des bagatelles, par de petits industriels qui meurent de faim!... Il faut convenir que c'est un métier que d'être à la tête de grandes affaires de finances! et, sans un résultat, on n'y tiendrait pas!... Deux et deux font quatre, et trois font sept, et cinq font douze, et cinq...

## SCENE IV.

LE BARON, LAFLEUR.

*La Fleur*. M. le baron!

*Le baron*. Hem....

*La Fleur*. M. Charabau n'est pas traitable.

*Le baron*. Oh... oh...

*La Fleur*. Je ne l'ai pas vu comme cela; lui que vous connaissez si doux, si timide; il s'est emporté!

*Le baron*. Tant pis pour lui...

*La Fleur*. Il a débité tout plein de choses.

*Le baron*. Eh quoi?

*La Fleur*. Je ne sais tout ce qu'il a dit, tout ce qu'il n'a pas dit de Monsieur.

*Le baron*. Eh qu'a-t-il débité..... Ce particulier?

*La Fleur*. Mille choses!.. Il était exaspéré.

*Le baron*. Je m'inquiète fort peu de ces criailleries!

*La Fleur*. Il a dit : « Si M. le baron ne me paie pas mon mémoire, je sais bien ce que je ferai! »

*Le baron*. Eh quoi?...

*La Fleur*. Il n'aura pas ma voix aux élections prochaines.

*Le baron*. Comment, Charaban... M. Charaban serait électeur?

*La Fleur*. Non certes, il n'aura pas ma voix, et six ou sept amis, dont je dispose au moins, lui tourneront casaque à la première élection!

*Le baron* (*se redressant*). Est-tu bien sûr, La Fleur, que M. Charaban soit électeur?

*La Fleur*. Voilà ce qu'il m'a dit; je ne réponds de rien!

*Le baron.* Dans le fait, je ne serais pas surpris qu'il fût porté sur une liste supplémentaire!

*La Fleur.* Cela pourrait bien être!

*Le baron.* Écoute, La Fleur, va le trouver.... Dis lui que je le paierai de cette manière.... Tu connais la voiture qu'il a faite à ma femme?

*La Fleur.* Oui, M. le baron.

*Le baron.* Tu sais que la baronne ne s'en est pas servi trente fois!

*La Fleur.* A peu près.

*Le baron.* Elle a coûté sept mille francs, je crois!

*La Fleur.* Huit mille! c'était un excellent ouvrage!

*Le baron.* Eh bien! Chara.... M. Charaban la reprendra pour trois mille cinq cents francs.... C'est bien raisonnable.

*La Fleur (à part).* Ce n'est pas là mon affaire!

*Le baron.* Ensuite, j'ai mon ancien cabriolet neuf, qu'il peut, sans contredit, recevoir pour sept cents francs, à bon marché; cela ferait donc quatre mille deux cents francs, dont je rabattrai deux cents francs pour faire un compte rond; tu vois, La Fleur, que je fais les choses raisonnablement.

*La Fleur.* M. le baron sait ce que c'est qu'un

poltron révolté!.. Et M. Charaban n'entendra pas raison, j'en ai peur!

*Le baron.* Les quatre mille francs feront leur effet!

*La Fleur.* Puisque M. le baron me le commande.

*Le baron.* Va, La Fleur, je connais mon monde et je sais ce que vaut l'argent comptant!

## SCENE V.

LE BARON, *seul.*

Il ne faut jamais manquer l'occasion de faire une bonne affaire! C'est peu de chose; mais on ne sait pas ce que de petites économies journalières produisent au bout de trente années consécutives! mais il faut aussi de la politique dans le temps qui court, et il faut savoir ménager à la fois son argent et les électeurs!.... Et trois... font sept et cinq font douze....

## SCÈNE VI.

LE BARON, LA FLEUR.

*Le baron.* Eh bien, La Fleur?

*La Fleur.* L'homme est intraitable!.. Il refuse

tout : coupé moderne, cabriolet de réforme!.. Il n'entend à rien!

*Le baron*. Je fais pourtant des offres raisonnables!

*La Fleur*. L'homme est butté... Il sait que M. le baron signe ce soir le contrat de mariage, et il veut faire esclandre dans le quartier.

*Le baron*. Un charivari, peut-être?

*La Fleur*. Je n'en serais pas étonné!

*Le baron*. Mais es-tu bien sûr, La Fleur, qu'il soit électeur?

*La Fleur*. M. le baron s'entend mieux que moi à la politique, et je ne puis lui répondre du contraire.

*Le baron* (*à part*). Il est électeur!... Il ne ferait pas l'insolent s'il n'était pas électeur!... En tous cas, il ne faut pas en courir les chances, et par une économie mal réfléchie, me priver d'un suffrage qui pourrait compromettre mon existence politique!... La Fleur, retourne auprès de M. Charaban! dis-lui que je veux l'obliger, et que je transigerai même au comptant, pourvu qu'il se montre raisonnable!

*La Fleur*. Je vais faire un dernier effort.

*Le baron*. Va faire un dernier effort; je te donne carte blanche.

## SCÈNE VI.

LE BARON, seul.

Siècle étonnant! on ne peut faire un pas sans risquer de marcher sur le pied d'un électeur, d'un homme important!.... Une voix d'électeur n'est pas à dédaigner, dans le temps qui court; il y va presque de la fortune politique d'un homme d'État!... Il y va peut-être d'un ministère; et puisqu'on dit que j'en suis capable, il ne faut pas empêcher la chance de m'arriver!... On se doit à son pays. Et.. trois font sept... Douze millions cinq cent mille, etc., etc.... Mobilier, zéro. Biens fonciers, ce n'est pas la peine d'en parler.... Cela paie l'impôt, et voilà tout.... Il en faut de quoi faire son *majorat de baron*, et pas davantage!

## SCÈNE VIII.

LE BARON, LA FLEUR.

*La Fleur.* M. Charaban est intraitable; il ne veut rien rabattre absolument!

*Le baron.* Il est sûrement électeur; il y a tout à parier qu'il est électeur.

*La Fleur*. C'est probable!

*Le baron*. Huit mille francs, c'est cher!

*La Fleur*. C'est hors de prix!

*Le baron*. Un malheureux coupé!

*La Fleur*. Cela crie vengeance!

*Le baron*. Aurais-tu, La Fleur, cru cela de Charaban?

*La Fleur*. C'est une horreur, Charaban est un juif!

*Le baron*. C'est d'un entêtement qui n'a pas de nom!

*La Fleur*. C'est un juif.

*Le baron*. Je ne dis pas cela!

*La Fleur*. Un arabe.

*Le baron*. Je n'ai pas dit cela, La Fleur!

*La Fleur*. Un arabe à pendre.

*Le baron*. Ne t'emporte pas, La Fleur.

*La Fleur*. Je lui dirai son fait.

*Le baron*. Du calme, je t'en prie.

*La Fleur*. Je le traiterai comme il le mérite.

*Le baron*. Ecoute, La Fleur, s'il était électeur?..... Songe qu'il est peut-être électeur, et ne lui dis pas tout ce que tu penses de lui.

*La Fleur*. Monsieur le baron est trop indulgent.

*Le baron*. Voici, la Fleur, huit billets de 1,000 fr., remets-les à M. Charaban, et dis lui que je suis toujours bien aise d'obliger un artiste estimable, et qui doit son terme. Va!.....

## SCÈNE IX.

LE BARON, *seul.*

Je ne suis pas fâché de cela, c'est une espèce de charité; et quand nos électeurs sont dans l'embarras, il est bien fait de prouver que nous nous intéressons à leur sort, et que nous avons de l'humanité! La Fleur y met de la chaleur et me sert bien; il est fidèle..... C'est un mérite dans le temps qui court! c'est qu'il se ressent de l'ancien régime..... On avait, dans ce temps-là, plus de probité que de malice.

## SCÈNE X.

LE BARON, LA FLEUR.

*La Fleur.* Votre agent de change demande à parler à monsieur le baron.

*Le baron.* Lequel?....

*La Fleur.* M. Dontun!

*Le baron.* Qu'il entre!.....

## SCÈNE XI.

LE BARON, DONTUN.

*Le baron (enfoncé dans son fauteuil et les*

*jambes croisées, accueille M. Dontun d'un air protecteur*). Eh bien! monsieur Dontun, qu'est-ce?.....

*Dontun.* Monsieur le baron, c'est avec un vif chagrin, avec une douleur profonde que je vous ai communiqué la fatale nouvelle de la cession de l'emprunt à M. Bourbonet, qui sans doute ne vous vaut ni comme garantie, ni comme réputation; c'est un acte ministériel qui n'a pas de nom, et je sens combien cette catastrophe doit vous avoir affecté!

*Le baron* (*remuant négligemment sa jambe droite passée sur sa cuisse gauche*). Je suis au-dessus de cela, monsieur Dontun. Une tête tant soit peu financière, s'émeut faiblement des caprices ministériels; et quand on est établi solidement sur des capitaux loyalement accumulés, on se couvre promptement d'une apparente disgrâce de cour, qui ne fait que consolider un crédit fortement établi!

*Dontun.* Tout le monde n'est pas à même de voir cet évènement de sang froid!

*Le baron.* Monsieur Dontun, ont-ils le premier sou pour commencer leur opération européenne, ces faquins-là?

*Dontun.* Ce sont des imprudens!....

*Le baron.* Des écervelés!.... Sont-ils de force,

je vous le demande, à donner l'action financière à leur opération?

*Dontun*. Ils s'engorgeront!

*Le baron*. Ils s'engloutiront!

*Dontun*. Ils se perdent infailliblement!

*Le baron*. Et le gouvernement s'en mordra les pouces!

*Dontun*. Monsieur le baron devrait les tirer de là!

*Le baron*. Non, certes!

*Dontun*. Avec bénéfice!

*Le baron*. Je ne veux pas aider le gouvernement, et je veux que tout le monde le sache!

*Dontun*. Vous pourriez les aider en tirant parti de leur embarras.

*Le baron*. Non! il faut de la dignité dans notre profession de banquier!

*Dontun*. Mais faut-il que les pauvres agens de change en souffrent?

*Le baron*. Ah! messieurs les agens de change, halte-là!..... ne vous plaignez pas! vous n'êtes pas en souffrance!

*Dontun*. Nos charges sont si chères.

*Le baron*. Notre crédit est si long-temps à s'établir!.....

*Dontun*. Nous ne traitons pas but à but avec les têtes couronnées!.....

*Le baron.* Monsieur Dontun, vous faites bien vos affaires!

*Dontun.* Nous avons eu notre aurore boréale, monsieur le baron; les fonds montaient, les spéculations étaient animées! on refusait les affaires! on les choisissait; les joueurs mordaient à l'hameçon! c'était un tripotage charmant!... J'en conviens, nous faisons quelque chose; mais, à mesure que les fonds haussent, notre gain baisse, nous n'avons plus que des rognures d'affaires, et nous sommes tout à fait en dégringolade.

*Le baron.* Vous êtes agent de change, c'est bel et bon; mais vous n'en faites pas moins la banque ni plus ni moins!

*Dontun.* En petit, on escompte par-ci par-là; mais on a pas d'affaires capitales; nous ne traitons pas de milliards et but à but avec des têtes couronnées!..... Tout est mécompte; et vous savez, monsieur le baron, quand vous m'honorez de votre confiance, lorsque je fais quelque chose de quelque importance avec vous, combien mes rétributions sont minimes!

*Le baron.* Il en est plus d'un, plus d'un de vos confrères qui travailleraient pour moi, pour la seule réputation d'avoir ma confiance.

*Dontun.* Sans doute, monsieur le baron me traite avec bonté; mais il ne m'enrichit pas!

*Le baron.* Du moins, je ne vous ruine pas comme votre faubourg Saint-Germain.

*Dontun.* Les affaires, aujourd'hui, sont si rares, qu'on les recrute où l'on peut.

*Le baron.* Ce n'est pas cela !...Vous êtes royaliste, monsieur Dontun ; je suis fâché de vous le dire.

*Dontun.* Monsieur le baron ne m'a cependant pas retiré sa confiance !

*Le baron.* Non ! Mais si je connaissais parmi les libéraux un agent de change honnête homme comme vous, monsieur Dontun, certes vous n'auriez pas ma confiance !

*Dontun.* Les libéraux, proprement dits, ont peut-être trop de perspicacité !

*Le baron* (*confidentiellement*). Ils sont transcendans, et cela ne convient pas à la finance !

*Dontun.* Elle veut plus de sang-froid. Les libéraux mes confrères, ont un peu trop d'énergie pour les affaires.

*Le baron.* Je les aime ; je les préfère, du fond du cœur : mais je me fie peu à eux, bien entendu lorsqu'il s'agit de ma banque ! Quant à moi, c'est, avec eux, à la vie et à la mort !

*Dontun.* Monsieur le baron a son système !

*Le baron.* En outre, j'ai pour principes de n'employer que mes amis; et hors mon caissier, mon notaire, mon agent de change et mon suisse, que je choisis honnêtes gens avant tout, je veux que tout le monde chez moi soit libéral.

*Dontun.* L'esprit financier l'emportera toujours chez monsieur le baron.

*Le baron.* Mettez-vous bien dans la tête que je n'emploierai des royalistes que spécialement.

*Dontun.* Et quand vous jouez à la hausse! (*Le baron sourit.*) Ah! monsieur le baron, sans vous, que deviendrais-je?... Il faut, aujourd'hui, frapper à toutes les portes pour trouver des cliens: je n'en attrappe le plus souvent qu'à la sueur de mon front, qu'au petit galop, entre la barrière et la porte Maillot. Mais cependant comme il faut vivre, il faut bien faire des affaires à la chaussée, et ne pas dédaigner le glanage du faubourg Saint-Germain.

*Le baron.* Et que gagnez-vous donc par an, là, de bonne foi?

*Dontun.* L'intérêt de nos charges; peu de chose avec.

*Le baron.* Et vous l'avez payée quelques huit cent mille francs?

*Dontun.* A peu près... Mais j'en dois moitié.

*Le baron.* C'est juste!... Et cela rapporte?... Parlez franc!

*Dontun.* Foi d'homme d'honneur, cela ne va

pas à cent mille francs en douze mortels mois.

*Le baron.* C'est encore joli!... c'est raisonnable!...

*Dontun.* Ah! monsieur le baron, que de risques! que de tourmens! que de fatigues, tant au bois qu'à la Bourse! Et que de dépenses! car, enfin, que faire sans chevaux, sans maison, outre les chances de succès!..... Avec bien du bonheur, monsieur le baron, il nous faut dix ans pour mettre à couvert un misérable million.

*Le baron.* Vous me touchez, monsieur Dontun. Et puisqu'il en est ainsi, et si vous pouvez faire faire à ces gens-là, à ce Bourbonet et consors une bien mauvaise affaire, nous causerons de l'opération; et si, sans danger, je puis leur nuire, les écraser comme ils méritent de l'être, vous pouvez, monsieur Dontun, compter sur ma participation et ma bienveillance.

*Dontun.* Que de bontés!

*Le baron.* Soyez bien assuré, monsieur Dontun, que je vous ferai faire le plus d'affaires que je pourrai, au meilleur marché possible, bien entendu; car sans cela vous n'auriez pas confiance en moi. (*Dontun sort, en faisant un salut plein de reconnaissance.*)

## SCÈNE XII.

LE BARON, seul.

Ce siècle me confond!... Je n'en reviens pas!... Les carrossiers sont électeurs; La Fleur est valet de chambre; les agens de change voudraient être banquiers.... Et l'on veut me faire ministre des finances! Quelle émulation dans les idées!...

## SCÈNE XIII.

LE BARON, LA FLEUR.

*La Fleur.* Voici, monsieur, le reçu de M. Charaban, bien conditionné! (*A part, pendant que le baron examine le reçu.*) Si je pouvais faire chasser M. Lafrance! (*Haut.*) Voici les lettres de monsieur le baron.

*Le baron.* C'est de la petite poste : en voilà plus qu'à l'ordinaire. (*Il ouvre une lettre, et lit.*) « M. le baron, ah! ah! votre bon cœur, « notre infortune..... » (*Il déchire la lettre, en prend une autre; et pendant ce dépouillement, La Fleur entame lentement une conversation avec le baron.*)

*La Fleur.* Je crois que monsieur le baron n'a pas fait une mauvaise affaire aujourd'hui.

*Le baron* (*continuant d'ouvrir et de lire ses lettres.*) « Une mère de famille et six enfans, « sans feu ni lieu... » A M. de Belleyme... (*Répondant à La Fleur.*) Qu'est-ce donc, La Fleur?

*La Fleur.* C'est de m'avoir fait valet de chambre.

*Le baron.* Ah! ah!

*La Fleur.* Cela me donne une autorité.... je pourrai mettre la valetaille à la raison.

*Le baron* (*à part.*) Il ne manque pas d'intelligence!

*La Fleur.* Je suis bien sûr que M. le baron n'y perdra pas au bout de l'année.

*Le baron.* Tu crois donc, La Fleur, qu'il y a du gaspillage dans ma maison?

*La Fleur.* Non, M. le baron, il n'y a pas précisément du gaspillage; mais des profits!

*Le baron.* Peu...

*La Fleur.* Peu, sans doute; mais pourquoi? C'est à cause de M. Lafrance, qui met de l'ordre tant qu'il peut!

*Le baron.* Je le crois honnête homme!

*La Fleur.* Ah! certainement, c'est un bien honnête homme!... Il n'y en a guère comme lui, dans le temps qui court!... Je suis bien sûr qu'il fait gagner à M. le baron plus de mille écus par an!...

*Le baron.* Tu crois?

*La Fleur.* Sûr... Il a raison, la place est bonne! Un autre, à la place de M. Lafrance, ferait six mille francs de profit, et sans qu'il y parût.

*Le baron* (*avec humeur*). Il y a des douceurs... sans doute.... mais....

*La Fleur.* Mais, monsieur, Lafrance, je suis sûr qu'il n'y met pas plus de trois mille francs dans sa poche... sans ses gages, bien entendu.

*Le baron.* Comment, sans ses gages!.... Mille écus outre ses gages!...

*La Fleur.* Ah! c'est que la place est bonne, voyez vous.

*Le baron.* Et comment cela se peut-il?

*La Fleur* (*souriant*). M. le baron sait peut-être cela mieux que moi!...

*Le baron.* Raconte toujours.

*La Fleur.* D'abord, il y a les petits profits de la livrée!... Ce n'est pas grand chose; mais on ferme les yeux là-dessus, et, dans le fait, M. Lafrance ne se fait plus jeune, et ne veut pas se faire des ennemis sur ses vieux jours; c'est bien naturel....

*Le baron.* Eh bien?

*La Fleur.* On brûle un peu plus de bois pour avoir un peu plus de cendres; on rogne les bougies pour avoir un peu plus de bouts de bougie...

M. Lafrance ne tourmente pas là-dessus ses subordonnés, on ne le tourmente pas sur les desserts de l'office et de la cuisine de compte à demi avec M. Dulard votre chef.

*Le baron.* Mais, La Fleur, cela n'est pas bien! Je n'entends pas que cela se passe ainsi dans ma maison!

*La Fleur.* C'est cela pourtant!

*Le baron.* J'y mettrai bon ordre!

*La Fleur.* Et M. le baron ne sait peut-être pas ce que c'est que les desserts de l'hôtel de Soussussous... Il faut voir tous les pâtés, les crêmes et les volailles, les faisans, etc., etc., qui vont se faire rôtir de seconde main chez les bonnes bourgeoises du quartier!

*Le baron.* En vérité?

*La Fleur.* C'est que c'est une bonne affaire! (*le baron se redresse*) et particulièrement les arlequins de M. le baron font fureur!

*Le baron.* Comment, mes arlequins!.. Qu'est-ce à dire?

*La Fleur.* Je croyais que M. le baron savait cela!

*Le baron.* Explique-toi toujours!

*La Fleur.* Quand un poulet n'a plus qu'une aile, il ne peut plus reparaître sur la table de M. le baron, cela fait le blanc; les langues fourrées, les jambons, cela fait la couleur de rose; les truffes, cela fait le noir; on hache le tout ensemble, et cela se vend au poids de l'or à la livre; et vous ne sauriez croire comme les arlequins de M. le baron sont populaires dans son quartier.

*Le baron.* Mes arlequins qui sont populaires!.. Ce que c'est que d'être libéral!

*La Fleur.* Il y a bien encore d'autres bénéfices, mais ce n'est pas la peine d'en parler; cela regarde Mme Lafrance, et c'est encore un petit profit.

*Le baron.* Outre les mille écus?...

*La Fleur.* M. le baron sent bien que les fournisseurs de l'hôtel ne sont pas fâchés de conserver la pratique, et que Mme Lafrance, aux étrennes, à sa fête, aux jours de naissance de M. le baron, de Mme la baronne, et de Mlle Cécile, ne peut pas empêcher ces honnêtes gens de lui donner quelques bagatelles.

*Le baron.* Et qu'appelles-tu bagatelles?

*La Fleur.* Pas grand chose!... Seulement, la lingère, pour conserver une bonne pratique, et pas autre chose, donne quelques douzaines de napes ou de serviettes damassées ou non (*le baron fait la mine*), l'orfèvre, des cuillers qui ne sont pas de crisocal, etc., etc.

*Le baron.* Mais c'est moi qui paie, au bout du compte.

*La Fleur.* Et des pains de sucre! des pains de sucre! première qualité; faut voir, et que je ne sais pas si le roi, de sa personne, en mange de plus blanc!.. Enfin, c'est une bénédiction d'être maître-d'hôtel chez M. le baron!

*Le baron.* Ainsi donc, on me gruge en arlequins, en linge damassé, et en vaiselle qui n'est pas de crisocal...

*La Fleur.* C'est drôle, comme on est à la queue pour avoir la desserte de la table de M. le baron.

*Le baron.* A la queue.... comme au semestre?

*La Fleur.* Et non seulement des petites gens, mais des cuisiniers d'électeurs et même d'éligibles, se mettent sur les rangs pour y faire de bonnes emplettes.

*Le baron.* Et cela se passe dans ma maison?

*La Fleur.* Ah! non, M. le baron, cela ne serait pas convenable; cela se passe chez le regrattier de l'hôtel; ah! c'est parfaitement organisé... et on y fait des affaires comme à la Bourse.

*Le baron.* Comme à la Bourse?

*La Fleur.* On n'y fait pas tout ce qu'on veut, mais à peu près!

*Le baron* (*en fureur concentrée*). C'est ennuyeux de se voir gaspiller sans quartier comme cela!

*La Fleur*. Ah! dam!... c'est l'usage.

*Le baron*. C'est le pillage!

*La Fleur*. C'est comme cela pourtant; plus ou moins.

*Le baron*. N'est-il pas cruel, avec des millions et sans désordre, de se voir gaspiller bon gré mal gré, du matin au soir, et sans miséricorde?

*La Fleur*. Il faut bien avoir des soucis, chacun dans son état!

*Le baron* (*à part*). Essayons-le... (*Haut*). La Fleur, à ma place, que ferais-tu?

*La Fleur* (*faisant semblant d'hésiter à répondre*). Je dirais... je dirais... il faut bien que tout le monde vive.

*Le baron*. Mais si tu ne voulais pas que tout le monde vécût à tes dépens?

*La Fleur*. Ah! c'est différent!... Je serais bien embarrassé, et je crois que tous les gens riches sont obligés d'en passer par-là.

*Le baron*. Et dis-moi, La Fleur, as-tu parlé de ces choses à ma femme?

*La Fleur*. A M^me^ la baronne!... Dieu m'en préserve!

*Le baron*. Et pourquoi donc?

*La Fleur*. Parce que monsieur sait bien qu'on

n'est pas riche comme M. le baron, pour manger sa fortune à soi tout seul.

*Le baron.* C'est bel et bon;.. mais je n'entends pas de cette oreille-là.

*La Fleur.* Il faut bien faire vivre le pauvre monde.

*Le baron.* Je donne des gages.

*La Fleur.* Mais des gages, M. le baron, est-ce là de la fortune, je vous le demande; et dans ce temps où nous sommes, chacun veut être mieux qu'il n'est, et le plus tôt possible.

*Le baron (à part).* Je crains bien que nos idées ne gangrènent la canaille, et qu'elles ne fassent plus de fripons que d'honnêtes gens!... (*Haut*). Mais pourquoi, La Fleur, puisque vous vous dites un serviteur dévoué, ne m'avoir pas prévenu qu'on me volait?

*La Fleur.* D'abord, je croyais que monsieur savait tout cela.... D'ailleurs, je ne suis pas un mouchard!

*Le baron.* Un mouchard!.. Si l'on me volait, est-ce qu'un serviteur fidèle ne devrait pas l'empêcher?

*La Fleur.* Oui et non!

*Le baron.* Comment, oui et non?

*La Fleur.* Oui, si ce sont des voleurs étrangers; non, si ce sont des gens de la maison.

*Le baron.* Plaisante distinction!..... Comment! on me volerait dans ma maison, et tu ne me le dirais pas!

*La Fleur.* Ecoutez donc! on ne veut pas se déshonorer, se faire appeler mouchard, et se faire fermer la porte de toutes les bonnes maisons de Paris!

*Le baron.* C'est une singulière délicatesse que celle-là!

*La Fleur.* Permettez, monsieur le baron, il faut des voleurs ou des mouchards!....... Les voleurs font leur temps, et c'est fini; mais les mouchards le sont toujours, et il n'y a plus de ressource!

*Le baron.* Est-ce que nous serions des imbécilles avec nos mouchards que nous anathématisons?..... Ecoute, La Fleur, te voilà valet de chambre, homme de confiance par conséquent, et je veux savoir de toi tous les petits désordres qui se passent dans ma maison, ou je te chasse!

*La Fleur.* Dès que monsieur le baron m'a fait valet de chambre, c'est différent, et je crois désormais pouvoir en conscience rapporter à M. le baron ce qui se passe ici; je dirai tout, puisque monsieur le veut et me l'ordonne!

*Le baron.* C'est bon!.... Sors, et ne me laisse entrer personne. (*A part.*) Je savais La Fleur intelligent; mais je ne le croyais pas honnête à ce point.

*La Fleur* (*en sortant*). Je crois que le poisson mord à l'hameçon.

*Le baron* (*après le départ de La Fleur*). Je crains bien que nos idées ne gangrènent la canaille, et qu'elles ne fassent plus de fripons que d'honnêtes gens. Mais restons-y, puisque nous ne pouvons pas nous en tirer.

## SCÈNE XIV.

LE BARON (*continuant à lire son* courrier).

Je parie que voilà des lettres de ma sequelle de famille!....... N'est-il pas bien dur, quand on devient riche, de ne pouvoir se débarrasser d'une canaille de parenté qui vous acoste, qui vous pleut de tous les côtés! (*Il lit.*) « Cousin, je suis « dans l'embarras, mon contingent me manque, « la ville me talonne, il faut vendre au poids; « c'est le diable. Comme vous êtes cousu d'or, et « qu'il n'y a qu'un cri là-dessus, j'ai jeté les yeux « sur vous pour faire marcher le pétrin, et je « me fais le plaisir de vous annoncer que j'ai fait « un billet sur vous, à vue, dont je vous tien- « drai compte dans trois mois, s'il plaît à Dieu,

« et vous obligerez votre germain à la vie et à « la mort.

« Sussous, *du quartier Maubert.* »

Cela peut se faire..... puisqu'on est cousin...... avec deux bonnes signatures, s'entend ! Grâce à Dieu! j'ai fait acheter la boutique d'ici près. Si ce diable d'homme était venu, comme il le voulait, s'établir à la chaussée d'Antin, quel clabaudage c'aurait été dans le quartier! (*Le baron prenant une autre lettre.*) C'est du Midi ; ce doit être encore de quelque cousin ! (*Il l'ouvre, et lit.*) « Cousin. » C'est cela ! « Mon cousin, vous « vous rappelez sans doute votre grand flandrin « de petit-cousin Sussous, dit *la Baguette*, qu'est « devenu haut depuis le temps de cinq pieds « zonze pouces trois lignes, et je ne sais com- « bien ce qu'on appelle de millimètres, et qu'a « l'honneur d'être tambour-major dans le 56e. « C'est pour vous dire que je vas canoniquement « me lancer dans les liens de l'hymen, et comme « la noce sera conséquente, attendu que je ré- « gale toutes les baguettes de la division, ni plus « ni moins qu'un mât de Cocagne à la fête de « Sa Majesté, je m'adresse à vous, cher petit- « cousin, avec la confiance d'un militaire qu'a « traversé vingt-cinq batailles et dix-neuf cam-

« pagnes, sans broncher plus que le cheval de « bronze du Pont-Neuf jusqu'à la Révolution. « Je vous demande donc de me faire passer l'a- « mitié de 600 fr., dans vingt-cinq louis d'or du « bon coin, dont je vous récupérerai sur la fête « du roi, les couches de M$^{me}$ la préfette qui vont « se faire incessamment avec fracas, comme vous « le pensez bien, et sur un tas de repas de noces, « car le mariage va le diable dans ce pays, et « tout cela vous reviendra sur ma noce, foi de « tambour-major. M$^{lle}$ Nina Verlache, la vivan- « dière et ma future, qu'est sans contredit la par- « ticulière la plus recherchée de toute la divi- « sion, infanterie, cavalerie et artillerie, tient à « cela, et c'est bien naturel, quand on a des « agrémens et de la marchandise. Faites cela, « petit-cousin, et je ferai faire un roulement en « votre honneur, comme à la fête du roi.

« *Rive gauche de la Garonne,*

« SOUSSOU LA BAGUETTE. »

Je me rappelle ce grand mal bâti là; il était cagneux dans sa jeunesse, et c'est un bellâtre dans le siècle des pantalons. On a bien raison de dire qu'il faut faire les choses à propos dans ce monde-ci. Au diable M$^{lle}$ Ninon Verlache et le mal bâti de grand cousin! (*Le baron déchire la lettre, et en jette les morceaux par terre avec humeur. Il prend ensuite une autre lettre, l'ouvre, et lit*).... Encore une! cela n'en finira pas.... « Notre cousin, mon homme et moi, nous vous « écrivons pour vous la souhaiter bonne, et vous « prier de nous obliger si ça se peut. Voilà ce « que c'est : Vous savez bien notre fils le ma-« lingre, eh bien! nous l'avons marié, pour l'é-« moustiller, avec une grosse joufflue du voisi-« nage, mais cela n'a pas réussi. Il voudrait faire « dans la clinquaillerie, mais il n'a pas la force. « Si vous pouviez lui avoir une occupation où il « n'y eût rien à faire, ça nous tirerait une fa-« meuse épine du pied. Faites ça, notre cousin: « on dit que ça ne vous coûtera pas grand chose, « et que le roi vous donnera bien cette petite « place-là pardessus le marché. Je sommes, mon « homme et moi, votre humble servante et pa-« rent.

« Thomas et Perrine Sussous. »

Cela n'a pas le sens commun! Encore si l'on n'avait à payer que l'enterrement de ses parens au quatrième degré!..... mais les aider de leur vivant, ce serait les faire recommencer de plus belle..... Le plus prudent, c'est d'être impitoyable..... d'ailleurs, c'est le meilleur marché! (*Il déchire la lettre et en jette les morceaux. Il en prend une autre, l'ouvre, et lit.*) « Monsieur le « baron, la voix publique nous a fait connaître « le prochain et désirable mariage de M^lle^ de « Soussussous. Les bontés que vous avez eues « pour M^me^ du Décent et moi, et l'honneur que « nous avons de vous appartenir, nous font un « devoir, en cette circonstance, de nous rappe- « ler à votre souvenir et à celui de M^me^ la ba- « ronne, et nous profitons de cette occasion pour « avoir l'honneur de vous présenter les humbles « respects avec lesquels nous avons celui d'être,

« *Votre très-humble serviteur et servante,*

« J. et Marie DU DÉCENT. »

A la bonne heure! c'est convenable! ce sont des gens qu'on peut recevoir..... de temps en temps!.... Au moins, c'est un parent présentable, et je lui sais gré d'avoir pris le *du*, du Décent, c'est mieux!.....

## SCÈNE XVI.

LE BARON, LA BARONNE.

*La baronne.* Une chose fort essentielle, monsieur, dans une solennité comme celle-ci, c'est de fixer votre parenté!

*Le baron.* C'est fort embarrassant!

*La baronne.* D'abord on exclut les cousins issus de germain.

*Le baron.* C'est de droit!.....

*La baronne.* Il ne faut pas offrir à la risée publique toute une parenté trop bourgeoise.

*Le baron.* C'est juste! Cependant nous n'en sommes plus aux quartiers de noblesse!

*La baronne.* Surtout, monsieur, il faut éviter les familiers qui voudraient, ou vous serrer la main comme des portefaix, ou vous appeler vulgairement cousin, et sans aucun tact ni mesure.

*Le baron.* Cependant il faut bien avoir des parens!

*La baronne.* Dans votre situation, monsieur, il vaut mieux n'en point avoir du tout que des mal bâtis qui feraient rire l'Europe à vos dépens.

*Le baron.* Il faut pourtant avoir une famille.

*La baronne.* Cela n'est pas indispensable, monsieur, avec votre existence sociale.

*Le baron.* Mais comment, je vous en prie, faire accorder nos idées politiques avec nos usages?... Que faisons-nous de l'égalité?...

*La baronne.* Je suis pour l'égalité!... certes.... devant la loi; mais non dans un salon doré comme celui-ci!... devant un tribunal, oui!.... mais à la face de l'Europe, non!... et vous ne voudrez pas vous exposer à la risée générale!

*Le baron.* Je puis éviter bien du monde; mais nos deux tantes M$^{me}$ Pincette et M$^{lle}$ Chouchou Soussussous, je ne vois pas un moyen de nous en débarrasser!

*La baronne.* C'est cependant là l'essentiel; car ces caricatures là sont faites pour ridiculiser toute espèce de réunion.

*Le baron.* Attendez!... Le contrat se signe ce soir! J'envoie mon suisse chez mes deux tantes... Il s'arrêtera bien certainement au cabaret, et ne remettra la lettre qu'après la signature.... et nous en voilà débarrassés pour aujourd'hui.

*La baronne.* C'est cela!

*Le baron.* Quant aux autres parens, on ne s'en gêne pas; on envoie par la petite poste, qui s'égare, et si l'on arrive le lendemain, la porte est close... Seulement, on peut anti-dater les billets pour être plus poli!

*La baronne.* C'est très-bien.

*Le baron.* Par exemple, je pense qu'on pourrait inviter les du Décent... Ils sont présentables, ils sont même respectueux! On pourrait, je pense les admettre à la signature.

*La baronne.* Mais ces parens-là, je vous le demande, auront-ils le bon esprit de se taire?

*Le baron.* Je crois qu'ils seront convenables.. Ils ont pris le du..., et signent du Décent.... Cela me paraît avoir l'intention d'être des gens comme il faut. Et ils me chargent, dans ce billet, de vous parler de leur reconnaissance, et de vous faire agréer leurs complimens respectueux, et j'ai trouvé cela bien.

*La baronne.* Engagez-les... Je ne m'opposerai certainement jamais à recevoir les gens qui vous opportunent, quand ils ne seront pas de nature à vous ridiculiser.

*Le baron (à part.)* Elle est plus raisonnable que de coutume!

*La baronne.* Je vais tout disposer pour notre soirée!

## SCENE XVI.

LE BARON seul.

Si ce mariage pouvait adoucir le caractère de ma femme, ce serait une excellente affaire pour moi! Encore une lettre!... Quelle écriture de cuisinière! c'est encore d'une cousine, je le parie!...

Heureusement, c'est la dernière. (*Il l'ouvre,*

*et lit.*) « N'est-ce pas une horreur, dites donc « Christophe, de laisser une parente languir dans « la surveillance à dix-huit sous par jour, tandis « qu'il y a des freluquets de gamins qui ont de « tes échoppes dans la ville et les faubourgs, et « qui n'ont pas le quart de babil que j'ai, je m'en « flatte, pour débiter la marchandise. Si je suis « ta cousine, comme il n'y a qu'un Dieu, et je « le prouverai devant le juge, et j'en lève la « main en tous cas : et tu dis que non, pour te « débarrasser de tes ayeux, tandis que t'as plus « d'écus que je n'ai de cheveux sur la tête. On « dit que ce n'est pas toi, mais ta carogne de fem-« me, qui nous pousse dans la misère. Tu ne « veux pas que j'épouse Guignet, parce qu'il ne « me veut pas sans échoppe ; mais je m'en ven-« gerai, et je crierai partout que je suis ta ger-« maine, et tu t'en mordras les doigts à la vie et « à la mort. » (*Le baron se levant exaspéré.*) Chienne de parenté ! Savoyards !.... Parce qu'on a quelques millions, cette canaille de parenté vous pleut des quatre coins du royaume !... (*Après un moment de réflexion.*) On me croit d'un bonheur sans pareil ; eh bien ! ne serais-je pas plus heureux avec mille écus de rente, si j'avais une bonne femme. Nous nous promenerions au Luxembourg, quand il ferait beau... Ma fille épouserait le fils du voisin, tout simplement, et nous serions heureux dans la rue d'Enfer. Mais j'ai des millions... On ne sait pas ce que cela pèse!... Allons à notre comité de bienfaisance.

## SCENE XVII.

LE BARON, LA FLEUR.

*La Fleur.* Un monsieur demande à parler à Monsieur le baron!

*Le baron.* Je sors!

*La Fleur.* Il insiste; il dit que Monsieur le baron sera bien aise de le voir!

*Le baron.* Qui est-ce?

*La Fleur.* C'est M. de l'Ecusson!... géologiste!

*Le baron.* Généalogiste, peut-être.

*La Fleur.* C'est cela!

*Le baron.* (*A part.*) S'il pouvait me débarrasser de ma séquelle de famille! (*Haut.*) Fais entrer!... (*Le baron se rasseoit, s'enfonce dans son fauteuil, et reçoit flegmatiquement M. de l'Ecusson*). On le dit habile! tâchons d'en tirer parti!...

## SCENE XVIII.

LE BARON, M. DE L'ÉCUSSON.

*L'Ecusson.* Monsieur le baron, ayant appris

par les transports joyeux de la population de la capitale, l'illustre mariage de M^{lle} de Soussus-sous, je suis venu vous offrir mes services, pour mettre en ordre vos titres héraldiques et héréditaires, remplir les lacunes généalogiques que la révolution pourrait avoir introduites dans vos chartriers, et vous confectionner une généalogie complète au besoin.

*Le baron.* Monsieur l'Ecusson, je ne suis pas entiché de ma noblesse, je vous en réponds bien; mes principes politiques sont connus à cet égard, et me rapprochent complètement de l'égalité sociale : mais je serais bien aise de savoir si, dans votre science, vous pourriez me trouver un moyen de me débarrasser légalement, bien entendu, d'une foule de cousins et cousines, presque tous plus issus de germains les uns que les autres à n'en pas finir, et qui ne me laissent pas jouir ce qui s'appelle, de la vie.

*L'Ecusson (avec empressement.)* C'est la chose la plus simple, il s'agit de remonter votre origine!

*Le baron.* Comment cela?

*L'Ecusson.* Nous avons deux mines fécondes d'illustration! les empereurs d'Occident, et les comtes de Champagne!... Aimeriez-vous mieux les rois de Hongrie : mais à parler franchement, je ne vous les conseille pas; on en a fait litière, ils sont coulés à fond, et tout à fait décriés dans ce moment-ci. Choisissez, je me fais fort de remonter votre extraction nobiliaire à peu près où vous voudrez! Alors, j'attaque votre nombreuse parenté, je la poursuis judiciairement en justification d'origine: sont-ils riches les parens, je les obsède; sont-ils pauvres, je les accable!... Incapables de me suivre dans mes compilations approfondies de parchemins en lambeaux du moyen âge, je les étonne, je les fatigue, je les subjugue, et je les amène à très bon marché, presque pour rien, au désistement le plus complet de toutes leurs prétentions chimériques d'alliance sociale, et d'illustration. Et désormais, je vous en donne ma parole, ils n'auront plus l'honneur de vous appartenir.

*Le baron*. Et les lois?

*L'Ecusson*. Les lois! Monsieur le baron sait ce que c'est que les lois! Les petits y restent, les gros passent à travers!... Ne vous inquiétez pas de cela!... A notre science héraldique nous comprenons seuls quelque chose. D'ailleurs, dans ce pays, il y a de la justice, beaucoup de justice, oui, mais pour ceux qui peuvent la payer. (*Le baron et l'Ecusson rient ensemble.*)

*Le baron* (*après avoir pris une prise de tabac,*

*présente négligemment sa tabatière à l'Ecusson, qui prend une prise avec les deux doigts, et avec une profonde reconnaissance.*) Et à quel taux, mon cher Monsieur l'Ecusson, évaluez-vous cette opération ?

*L'Ecusson*. Pas cher!...

*Le baron*. N'importe, on veut savoir à quoi l'on s'engage.

*L'Ecusson*. Pour remonter proprement une origine illustre des empereurs du moyen âge, il faut parler de 45 à 50 mille francs!

*Le baron*. C'est trop cher...

*L'Ecusson*. C'est cher, j'en conviens : mais le travail est pénible!... Le temps et les hommes sont de grands destructeurs, sans doute, Monsieur le baron, mais ils n'est rien de spoliateurs comme les rats de plusieurs siècles, et un généalogiste consommé dans sa partie, doit prendre acte du moindre coup de dent dont il peut tirer parti en faveur de son client!...

*Le baron*. Les rats sont destructeurs comme les hommes, à ce que je vois!...

*L'Ecusson*. *A* peu près!... Si Monsieur le baron ne tient pas à une illustration tout à fait impériale, je lui conseillerais les rois de Hongrie : mais on en a fait tant de vacarme, qu'ils sont complètement décriés pour le moment!... Alors, à la place de Monsieur le baron, je me rabattrais sur les comtes de Champagne : ce ne sont pas des têtes couronnées, mais c'est encore bien !

*Le baron.* Et, que cela coûterait-il, ces comtes de Champagne ?

*L'Ecusson.* Vingt-cinq mille francs.

*Le baron.* Vingt-cinq mille francs ?

*L'Écusson.* Prix fait comme des petits pâtés !

*Le baron (après un instant de réflexion).* Ecoutez : comme je ne suis pas fier, faites-moi tout simplement bon gentilhomme... ; voilà tout ce que je vous demande.

*L'Écusson.* Vous êtes trop modeste pour le temps présent ; et l'on ne voit, de nos jours, que peu d'hommes à mœurs simples et reculées, qui dédaignent l'éclat de leur origine !... Vous ne sauriez croire, monsieur le baron, combien la science héraldique a fructifié depuis la révolution, et combien l'abolition des titres en a développé les avantages !... Depuis, voyez-vous, qu'il n'y a plus de barrière, tout le monde veut la franchir !... Monsieur le baron, ne soyez pas plus modeste que la Chaussée d'Antin ; et puisque vous avez la faculté de vous fonder des aïeux, de remonter votre origine vers des têtes couronnées, ne négligez pas une occasion, unique peut-être, de vous illustrer comme tant d'autres moins délicats que vous.

*Le baron*. Je n'ai qu'une fille.

*L'Écusson*. C'est dommage ! mais les pairies femelles ne sont pas désespérées... D'ailleurs, il est, monsieur le baron, dans ce pays-ci, bien plus simple de se faire prince étranger, que simple gentilhomme français.

*Le baron*. Eh ! comment cela ?

*L'Écusson*. Voici comment !... Il n'est pas si facile d'aller à Thémesvar, ou Pétervaradin, découvrir si des titres vermoulus sont authentiques ou non, ou si quelques rejetons posthumes, oubliés dans les almanachs du temps, de quelque souverain détrôné des siècles presque fabuleux, n'ont pas épousé, presque de la main droite, quelque princesse du bas-empire ! Et de là, généalogie catégoriquement établie de manière à confondre un tribunal même de l'ancien régime, et nous n'en sommes plus là... Tandis qu'il faut mille précautions vis-à-vis des amours-propres inquiets de petites villes qui, de près, s'effraient d'une consonnance de syllabes ; et si l'on a le malheur de rencontrer un nom de famille dont le temps n'a pas fait toute et complète justice, qu'il n'ait point complétement anéantie jusque dans son dernier rejeton, il vous renaît de la souche primitive une multitude d'inextricables prétentions ! La réussite dès lors est moins complète, et le succès a moins d'éclat!... Ah! monsieur le baron, est-ce que nous ne nous rabattrons pas sur les comtes de Champagne?

*Le baron.* Je ne m'entends guère en généalogie! Je vais à la Bourse; nous causerons chemin faisant.

# ACTE VI.

## SCÈNE I<sup>re</sup>.

LA FLEUR seul, en frac.

J'ai l'air d'un monsieur! ma parole d'honneur!... Je suis en beau chemin; n'en restons pas là!... Si je pouvais supplanter mons Lafrance, qui fait le fier, parce qu'il est maître d'hôtel, et presque honnête homme, à ce qu'il croit du moins!... J'ai le pied à l'étrier...; enfourchons, si je puis, la fortune!...

## SCÈNE II.

CÉCILE, LA FLEUR.

*Cécile.* Mon cher La Fleur!

*La Fleur.* Mademoiselle!

*Cécile.* Voulez-vous me rendre un service?

*La Fleur.* De tout mon cœur!

*Cécile.* Ma mère veut que je me marie, et je ne veux épouser que mon cousin Dugras.

*La Fleur.* C'est bien naturel!

*Cécile.* Mais ma mère veut me faire épouser ce M. le duc à lorgnon, qui fait de grandes phrases, et que je ne comprends presque jamais.

*La Fleur.* M. le duc d'Embrouillamini!

*Cécile.* Positivement. J'écoutais à la porte de ma mère, pour savoir s'il ne serait pas question de mon mariage!... Je n'ai pu tout entendre; mais elle a dit à M. de Mordant, qu'elle appelle toujours *Édouard*, comme si c'était un petit garçon : « La petite fera ce qu'on voudra; j'en réponds!... Il ne faut pas faire languir la chose; on signera ce soir le contrat.

*La Fleur.* Et que puis-je faire à cela, mademoiselle?

*Cécile.* Je veux m'enfuir!

*La Fleur.* Ah! ah!...

*Cécile.* Et je veux, mon cher La Fleur, que vous m'aidiez à sortir, ce soir, de la maison.

*La Fleur.* Mais mademoiselle a-t-elle bien réfléchi?

*Cécile.* J'ai pris mon parti... Je me jetterai

plutôt par la fenêtre, que d'épouser cet olibrius de duc!...

*La Fleur.* Voilà ce qui s'appelle *de la résolution*... Et que puis-je faire pour mademoiselle?

*Cécile.* Me sauver!.. Je veux quitter la maison!

*La Fleur.* Et comment cela?

*Cécile.* Mon cousin Dugras est prévenu; il m'attendra, ce soir, à la porte du jardin : vous en avez la clef; et je vous demande seulement de me conduire jusqu'à cette porte, qui donne sur l'autre rue.

*La Fleur.* Mademoiselle, ceci demande réflexion!...

*Cécile.* Vous hésitez à me rendre service; je vous ai toujours trouvé si complaisant pour moi?

*La Fleur.* Mademoiselle ne sait donc pas?...

*Cécile.* Quoi?...

*La Fleur.* Que depuis ce matin je suis valet de chambre.

*Cécile.* Eh bien?...

*La Fleur.* Et ce serait mal à moi, le jour où monsieur votre père m'a fait du bien, de le trahir, et de lui enlever mademoiselle!

*Cécile.* Mon papa sera-t-il plus heureux quand je me serai jetée par la fenêtre!..

*La Fleur.* Tubleu! comme mademoiselle raisonne pour son âge!

*Cécile.* Mon papa ne se soucie pas de me marier malgré moi ; c'est ma mère qui s'est fourré cela dans la tête.

*La Fleur.* C'est vrai.

*Cécile.* Ainsi, ce ne serait pas trahir papa que de me servir?

*La Fleur.* C'est encore vrai.

*Cécile.* Ainsi, La Fleur, il faut absolument que vous m'aidiez à me sauver!

*La Fleur.* Ah! mademoiselle, si je n'étais pas valet de chambre, je n'hésiterais pas ; mais lorsqu'enfin on est quelque chose, qu'on a une perspective devant soi, on devient circonspect, voyez-vous, et une place de valet de chambre, dans une bonne maison, ne se retrouve pas tous les jours.

*Cécile.* Ecoutez, mon cousin Dugras vous prendra pour son valet de chambre si vous perdez votre place à cause de moi ; de plus, il m'a fait remettre pour vous quinze cents francs, que voici, pour me sortir de la maison.

*La Fleur.* Ma foi, mademoiselle, voilà ce qui s'appelle penser à tout, et, en y réfléchissant bien, je vois clairement que c'est servir les réels intérêts de monsieur votre père, que de vous obéir aujourd'hui... Vous êtes résolue à vous sauver ce soir?

*Cécile*. Oh! très-résolue.

*La Fleur*. Eh bien! quand la nuit sera venue.

*Cécile*. Oui!...

*La Fleur*. Vous descendrez par le petit escalier.

*Cécile*. C'est mon projet.

*La Fleur*. Je mettrai dans le petit salon de lecture vos galoches pour que vous ne vous mouilliez pas les pieds en traversant le jardin, votre grand schal de voyage, et le gros manteau de M. le baron, pour que vous n'ayez pas froid pendant la nuit. Je vous menerai jusqu'à la petite porte du jardin, et quand vous serez partie, je viendrai dire au salon que mademoiselle va descendre tout à l'heure...

*Cécile*. C'est cela!

*La Fleur*. J'entends du bruit... Tout est convenu; il vaut mieux qu'on ne nous voie pas ensemble (*La Fleur sort*).

*Cécile, seule*. Ce bon La Fleur, j'étais bien sûre qu'il me rendrait service!... Voici ma mère; actuellement que je ne la crains plus, je vais faire la niaise avec elle pour qu'elle ne se doute de rien.

## SCÈNE III.

LA BARONNE, CÉCILE.

*La baronne.* Cécile, tout est arrangé pour votre mariage! C'est une chose avantageuse, unique, qu'il ne faut pas manquer! Elle réunit toutes les convenances... Cécile, il faut prendre votre parti!...

*Cécile.* Je ferai ce que maman voudra!... Maman sait mieux que moi ce qui me convient!

*La baronne.* C'est parfaitement répondu... Oui, ma chère enfant, je sais mieux que vous ce qui vous convient... Vous n'êtes pas fille, je connais votre caractère, à vous contenter d'un sort obscur et sans distinction!... Jugez donc, ma chère Cécile, quelle existence vous auriez dans le monde en vous appelant M^me^ Dugras?... Cela ne serait pas supportable, et j'étais bien sûre que vous ne tiendriez pas à cette idée!

*Cécile.* Quand j'étais toute petite, on me disait que je serais un jour M^me^ Dugras!.... Voilà pourquoi j'en ai parlé!

*La baronne.* Les choses ont bien changé depuis ce temps-là!.... Votre père, par sa fortune, et surtout par la prépondérance que mon attitude dans le monde lui donne, ne peut plus penser à vous destiner une existence tout à fait obscure!.. Vous serez duchesse, mon enfant, et vous serez d'autant plus considérée dans le monde et recherchée de la cour, que vous lui serez opposée par les principes politiques de votre époux!.. Cela s'est vu depuis des siècles, ma chère enfant; la brebis égarée est toujours celle qu'on recherche et qu'on traite le mieux!... Aussi, la transcendance du duc, ses idées de novation, d'opposition aux idées monarchiques et à l'ordre de choses établi, quelqu'il soit, vous fera plus rechercher de la cour, que si vous aviez à vous targuer de ses vieux services et de sa longue fidélité! C'est ainsi que va le monde; vous comprenez bien cela?

*Cécile.* Oh! maman, je crois que oui!

*La baronne.* C'est indubitable!.... Il ne faut avoir que la connaissance du monde pour être convaincu de cette vérité!

*Cécile.* Mais comment se fait-il, maman, que ce M. le duc étranger soit Français, avec son nom et son accent italien, et qu'il soit, à ce qu'on dit, duc et pair de France!...

*La baronne.* On vous apprendra, ma fille, ce que c'est que des lettres de grande naturalisation!... On a craint de manquer de pairs de France; on s'est réservé le droit d'en prendre partout!... Ne vous inquiétez pas, c'est dans la Charte!... Il faut, Cécile, songer à notre affaire et l'amener à bien!.... On signera ce soir le contrat.

*Cécile.* Dès ce soir! oh maman!...

*La baronne.* Votre père fait bien les choses il se charge, en faveur de ce mariage, de tous les présens de noces, selon votre goût; il fera sans doute bien les choses! Il a déjà parlé de 50,000 fr.; mais il n'en restera bien certainement pas là, je vous le proteste, et dès ce soir, nous irons visiter les ateliers, et vous ferez emplette vous-même!

*Cécile.* Ah! cela m'amusera bien!

*La baronne.* Nous voulons que votre entrée dans le monde soit aussi brillante que possible!.. Embrassez-moi, chère Cécile; allez disposer votre toilette pour la signature du contrat!.. On attend le notaire à neuf heures; il faut que dans quinze jours tout soit terminé!... (*A Cécile, qui sort après avoir embrassé sa mère*). Mon mari ne savait ce qu'il disait; je m'en étais douté. La petite est très-bien, et fera tout ce qu'on voudra.

## SCÈNE IV.

LA BARONNE, LE COMTE ÉDOUARD DE MORDANT.

*De Mordant.* Eh bien! chère baronne, et votre négociation?

*La baronne.* Tout est arrangé.

*De Mordant.* Je n'en doutais pas!

*La baronne.* La petite n'a pas fait une objection!... J'en étais sûre. M. de Soussussous aura fait quelque gaucherie!.. Ainsi que je le voulais, et pour éviter toute incertitude et vacillation de l'esprit de mon mari, nous signerons le contrat ce soir, à dix heures!..

*De Mordant.* Vous avez un véritable ascendant sur tout ce qui vous entoure; vous dominez tout avec charme, avec supériorité! votre époux, votre enfant, vos amis!... Je ne connais pas une femme plus douée de la nature!... Ma parole d'honneur!

*La baronne.* Savez-vous bien, mon cher Edouard, que vous êtes d'une flatterie exagérée, et que je finirai par vous en savoir mauvais gré?

*De Mordant.* Je vous en défie!

*La baronne.* Et par qu'elle raison?

*De Mordant.* Parce que mon enthousiasme est véritable.

*La baronne* (*émue*). Puis-je croire à toutes les perfections que vous m'attribuez?

*De Mordant.* Vous devez y croire, pour l'honneur de l'humanité!

*La baronne.* J'aime à vous croire un peu, mais voilà tout.

*De Mordant.* Il faut me croire tout à fait! parce que je suis vrai!... Pensez-vous que je dise à d'autres les mêmes choses qu'à vous? que j'aille, par exemple, parler de leur supériorité respective à Mme de Desvillers, qui, depuis plus de six mois a pris le *de*, et qui rougit encore quand on le lui donne!.. A Mme de Cœurvert, qui baisse les yeux en souriant quand on l'appelle Mme la comtesse, qui s'embarrasse perpétuellement dans la queue de sa robe, et qui croit que nous soupirons tous pour elle!... Ou bien à la présidente de Barouge! Croyez-vous que je la complimente sur sa finesse et sa légèreté, elle qui l'autre jour a presque écrasé le pied du président son époux, en pensant que c'était celui de son petit cousin Charles?

*La baronne.* Que vous êtes méchante langue!

*De Mordant.* Et cette petite madame Clorinde Gringalet ou de Gringalet, comme vous voudrez, qui se fait appeler la vicomtesse, avec frénésie! Ah! ah! Vous ne savez pas! Elle a tant fait de bruit, qu'on a trouvé son mari trop grand seigneur pour en faire un gentilhomme de la chambre, et elle en est d'une fierté qui fait mourir de rire!... C'est d'une folie qui n'a pas de nom!...

*La baronne.* Le siècle réunit les ridicules de toutes les époques; il faut en convenir!...

*De Mordant.* C'est une de ses perfections!... Mais, chère baronne, le mariage de votre fille avec le duc, va dominer, et c'est ce qui m'en amuse le plus, toutes ces grandes prétentions de femmelettes, qui veulent se soustraire à votre supériorité.

*La baronne.* Oh! cher Edouard! je me soucie si peu de mon sexe et de ce qu'il pense de moi! Sa société me paraît si peu de chose, et tellement indifférente, que je trouve gêne d'intelligence quand je ne sors pas du cercle d'idées qui leur sont familières.

*De Mordant.* C'est juste : il vous faut une société d'hommes!

*La baronne.* Et d'hommes d'esprit!... Cela m'est indispensable!

*De Mordant.* Et il y a tant de femmelettes dans ces hommes du monde.

*La baronne.* On choisit!...

*De Mordant.* Et vous êtes à même de le faire! Vous êtes si recherchée!...

*La baronne.* Si je vais dans le monde, si je vais dans une société de femmes que je dis mes amies, je vous assure que c'est afin de me recruter des hommes de sens, de mérite, à idées qui me conviennent; voilà pourquoi je conserve des liens de société qui n'attachent ni le cœur ni l'esprit!...

*De Mordant.* Ne veuillez donc pas trouver mauvais que je m'amuse un peu de ce monde-là!

*La baronne.* C'est peut-être aussi l'insuffisance de mon existence morale, qui me fait chercher une distraction à la sensibilité dont j'étais douée naturellement... Mais j'ai manqué ma destinée, et je cherche à distraire mon imagination du vuide de cœur auquel je dois me résigner!...

## SCENE VII.

LA BARONNE, DE MORDANT, LE BARON.

*De Mordant.* Voilà le baron, fort à propos. Arrivez donc.

*Le baron (à De Mordant).* Ils sont enfonçés.

*La baronne (au baron), et commençant une phrase.)* Monsieur....

*Le baron.* Ils sont enfoncés!... Ils ne s'en releveront pas.

*La baronne.* Ecoutez donc, monsieur.

*Le baron*. Ils sont coulés! Coulés à fond!

*La baronne*. Je vous parle du mariage de Cécile.

*Le baron* (*haussant les épaules*). Ces petits messieurs, se croire financiers.

*La baronne*. Du mariage de votre propre fille.

*Le baron*. Ah oui! du mariage de Cécile.

*La baronne*. Ecouterez-vous enfin?

*Le baron*. Pardonnez, Bourbonet m'a tourné la cervelle!

*La baronne*. Tout est disposé pour la signature du contrat!

*Le baron* (*en distraction.*) J'en suis fort aise, et je m'en réjouis fort! (*Entre ses dents.*) Ce faquin!

*La baronne*. La petite est toute satisfaite: et je ne comprends pas, monsieur, ce que vous me disiez tantôt à ce sujet!... Vous aviez probablement effarouché son enfance, et vous aviez sans doute porté le trouble dans ses esprits!

*Le baron*. Je ne crois point, madame, avoir effarouché l'enfance de Cécile: mais puisqu'elle est satisfaite, je donne mon assentiment de grand cœur à l'hymen qui vous plaît!...

*La baronne*. Quant aux choses de convenances, je dois croire que vous ne vous refuserez à rien de ce que mon existence dans le monde et votre fortune exigent de vous, et je vais tout disposer pour cet évènement si convenable sous tous les rapports. (*Elle sort.*)

## SCENE VI.

LE BARON, DE MORDANT.

*Le baron.* Quelle volonté cette femme a!

*De Mordant.* Femme essentielle!...

*Le baron.* Heim! Heim!

*De Mordant.* Convenez, baron, que vous êtes un heureux mortel!

*Le baron.* J'en connais de plus à plaindre!

*De Mordant.* D'abord, vous avez une femme admirable sous tous les rapports.

*Le baron.* Vous êtes un enthousiaste de ma femme!

*De Mordant.* Vous serez ministre des finances.

*Le baron.* Croyez-vous?

*De Mordant.* Mais il ne faut pas vous en faire accroire, c'est à votre femme, c'est à la baronne que vous le devrez!...

*Le baron.* Cela pourrait être!

*De Mordant.* Vous n'imaginez pas l'ascendant qu'elle a sur nous autres libéraux!... Nous la regardons comme une très-forte tête.

*Le baron.* Ah! de la tête!... La baronne en a!

*De Mordant.* Et ce serait elle et non vous, qu'on ferait ministre des finances, sans la loi barbare, implacable, jésuitique en un mot, qui place un sexe supérieur en éloquence gracieuse, dans une incapacité légale, tout à fait révoltante et tyrannique! N'est-il pas vrai, baron, que c'est intolérable?

*Le baron.* Il y a bien quelque chose à redire à cela!...

*De Mordant.* Les financiers ne comprennent rien au charme du langage!

*Le baron.* Oh! nous ne sommes pas mal en avocats!

*De Mordant.* Oh ça, cher baron, voyons?... Que ferez-vous, quand vous serez ministre des finances?

*Le baron.* Parbleu, je ferai mon ministère!

*De Mordant.* Et comment vous y prendrez-vous?

*Le baron.* Je tâcherai d'être équitable, et de rendre justice à tout le monde!

*De Mordant.* Ce n'est pas cela; pas du tout cela qu'il faut faire!

*Le baron.* Comment donc?

*De Mordant.* Si vous rendez justice à tout le monde, vous ne contenterez personne!...

*Le baron.* Et pourquoi cela?

*De Mordant.* Il faut avoir des crétaures, des notabilités à soi personnelles, pour rester en place, et comme la chose est impossible si l'on veut faire justice à tous, autant vaut ne pas être ministre.

*Le baron.* Et comment donc faut-il s'y prendre?

*De Mordant.* Vous ne ferez pas marcher votre affaire à vous tout seul, et si vous ne faites pas la part aux chiens, vous n'aurez pour vous que les honnêtes gens.

*Le baron.* C'est bien quelque chose!

*De Mordant.* Ce n'est rien du tout!...Vous avez lu l'histoire ancienne?..... l'histoire des Grecs? des Lacédémoniens?..... C'étaient des républicains des temps passés, et il n'y en a pas eu beaucoup depuis ce temps-là.

*Le baron.* Eh bien?

*De Mordant.* Dans ce pays-là, il y avait des gens qui travaillaient pour ceux qui ne faisaient rien que se battre dans l'occasion...

*Le baron.* Ah! ah!...

*De Mordant.* Vous avez aussi sans doute entendu parler des ilotes?

*Le baron.* Je n'en suis pas bien sûr!

*De Mordant.* C'étaient ceux qui cultivaient les champs, qui faisaient le ménage, et les républicains ne faisaient rien, mettez-vous bien cela dans la tête!

*Le baron*, Je ne comprends pas trop...

*De Mordant*. Il en était alors comme il en est chez nous. Nous avons nos Spartiates, qui ne se battent pas à la vérité!... Ce sont nos patentés et nos rentiers de l'Etat; et ensuite nous avons nos ilotes sans influence, qui sont les contribuables, qui travaillent comme des forçats, et qui se battent pour tout le monde et comme des enragés, tandis que les autres dirigent les affaires publiques à leur profit le plus possible.

*Le baron*. Cependant les contribuables c'est la population.

*De Mordant*. Oui; mais quand vingt millions de contribuables crieraient à s'égosiller dans leurs campagnes, leurs clameurs arriveraient-elles jusqu'à Paris, je vous le demande?...Non sans doute: tandis que dix rentiers clabaudant sur les marches de votre belle Bourse de Paris, sont dans le cas de culbuter un ministère qui toucherait au cinq pour cent.

*Le baron*. Il y a quelque fondement dans ce que vous dites.

*De Mordant*. Arrachez la barbe aux contribuables, si vous voulez; mais n'arrachez pas un poil aux créanciers de l'Etat!... Voilà la politique raisonnable et raisonnée du ministre des finances... Ainsi donc, c'est au petit nombre des patentés et créanciers de l'Etat qu'il faut faire un pont d'or, et traiter les contribuables en ilotes qui font les menus détails du ménage, et qui mettent le pot au feu.

*Le baron.* Où diable voulez-vous en venir?

*De Mordant.* Le voici! Je suis rentier;... vous serez ministre des finances!... Si la rente monte à 120, je vous adore, je vous déifie!.. Si vous la remboursez, je vous écrase!...

*Le baron.* Je crois qu'il serait plus prudent de rester ministre de mes propres finances!

*De Mordant.* Vous avez trop d'ambition pour cela!

*Le baron.* De l'ambition! moi?

*De Mordant.* Vous n'avez pas l'air d'y toucher! et si vous étiez dans les affaires publiques, vous seriez l'autocrate de la zone tempérée.

*Le baron.* Moi!...

*De Mordant.* Oui, tout débonnaire que vous paraissez être.

# ACTE VII.

## SCÈNE Ire.

LA FLEUR, seul et rêveur.

Et pourquoi ne serais-je pas aussi millionnaire?... Lambris dorés de M. le baron de Soussussous, pourquoi ne m'appartiendriez-vous pas un jour! La fortune enfin m'a souri!... Je n'ai pas fait trois fois banqueroute!... et quant à l'intelligence, ce n'est pas celle du maître de céans qui doit modérer mes espérances!..... Heureux La Fleur!... le jour de la fortune est arrivé! Mais ne nous emportons pas!... soyons toujours modeste, et bornons nos désirs!..... (*Il s'assied.*) Fortune, je ne veux pas te lasser de mes souhaits! Une fois possesseur de 10,000 francs de rente, pas plus, et je suis satisfait!... Alors je deviens mon maître, et je me fais servir!.. J'ai l'état du cabriolet;... mais dans ma modeste fortune, la solitude me semble pénible! Je passe un beau matin chez M. Villaume : il a précisément ce qui me convient!... Une demoiselle de vingt-cinq ans, de la figure, des grâces et 5000 francs de rente!... et une autre de trente ans, bon caractère, et 6000 francs de rente!... Je m'attache au solide!... je suis heureux dans mon ménage, et la demi-fortune remplace le cabriolet solitaire!... Ma femme me donne un fils!... je voudrais en rester là; mais elle veut une petite fille!... C'est bien naturel! Il me survient un second fils!.... M<sup>me</sup> la Fleur tient à son idée, elle comble enfin ses vœux en me donnant un amour de petite fille, qui se nomme *Aspasie* ni plus ni moins!... Mais ce n'est pas le tout d'avoir des enfans, il faut les établir!... Mon fils Prosper est sensé, bonne tête : j'en fais un notaire!... Mon fils Emmanuel, plus vif, plus remuant, veut servir, embrasser l'état militaire! Je m'y oppose; je lui parle raison : « Mon cher Emmanuel, lui dis-je, tu fais une « folie! Ne cours pas après la gloire, mon garçon, « ne va pas te faire casser bras et jambes pour « une chimère!... Pense à la fortune; et dans le « fait, aujourd'hui, ne t'y trompes pas, la fortune,

« c'est la gloire!... Je vois ce que c'est!... C'est « du mouvement que tu veux, de l'activité qu'il « te faut!... Sois agent de change! la Bourse et « le bois de Boulogne remplaceront le tumulte « des camps!... Il entend raison, et marche à la « fortune! » Cependant ma fille grandit; elle est la grâce même, et devient l'ornement de son quartier: elle se forme, se développe, et chaque jour plus belle, il se présente une foule d'adorateurs... Je ne me presse pas : j'élude ses importuns vulgaires; elle charme tous les regards; enfin, le fils d'un banquier, pair de France, la voit! il est séduit. Le papa meurt à propos, et le fils, plein d'enthousiasme, offre à M^lle de La Fleur sa main et le titre de comtesse!..... Il n'y a pas moyen de résister.

Quant à moi, toujours simple, modeste, m'honorant du nom de monsieur *de La Fleur*, tout bonnement, j'ajoute un cheval de réforme à mon équipage de famille; et la demi-fortune transformée en un coupé sans éclat, me sert à terminer convenablement une fin de carrière sans reproche!... Honoré de mes concitoyens, officier municipal, marguillier de ma paroisse, recherché de tous les partis dans les temps d'élections, je m'endors patriarcalement, et je fais mettre tout simplement sur mon tombeau:

CI GÎT
MONSIEUR DE LA FLEUR :
*il a fait du bien dans son quartier.*

(*On sonne*). Ah! malheureuse sonnette; je me croyais honnête homme; pourquoi m'as-tu réveillé! (*Il sort du côté de l'appartement de Cécile.*)

## SCÈNE II.

LE BARON, LA BARONNE.

*Le baron.* C'est comme j'ai l'honneur de vous le dire!

*La baronne.* Je vous proteste, monsieur, que je n'en crois pas un mot.

*Le baron.* Pourquoi, madame, voulez-vous que je n'élève pas des prétentions nobiliaires comme bien d'autres?

*La baronne.* Expliquez-moi cette énigme.

*Le baron.* La voici. Je cherchais, à l'occasion du mariage de Cécile, dans mes papiers de famille, et je mis la main sur quelques vieilles feuilles de parchemins presque indéchiffrables...

En allant à la Bourse, il me vint à l'esprit de les porter chez M. de l'Écusson, le fameux généalogiste, pour savoir ce qu'il pensait de ces paperasses... A peine eut-il jeté les yeux dessus, qu'il s'est écrié : « C'est clair! les Soussussous descendent des comtes de Vermandois (qui ne sont certainement pas éteints), et très-probablement, par contre-coup, des comtes de Champagne. »

*La baronne.* Quel radotage nous faites-vous-là, monsieur?

*Le baron.* Radotage tant qu'il vous plaira!... c'est un fait!

*La baronne.* Eh! monsieur, vous seul de votre famille avez fait la banque! et voilà tout.

*Le baron.* C'est bientôt dit, madame! Mais, qui vous a certifié que les Soussussous n'ont pas mis l'épée au croc?... Madame! les Soussussous sont historiques....

*La baronne.* Vous aurez bien de la peine à me mettre cela dans la tête.

*Le baron.* Et par quelle raison, madame, voulez-vous que M. de l'Écusson, le fameux généalogiste, ne sache pas son métier?

*La baronne.* Et quand cela serait, monsieur! Aujourd'hui que vous êtes lancé dans le parti libéral, vos prétentions nobiliaires ne feraient que vous discréditer.

*Le baron.* Vous pensez cela, madame? et moi je pense le contraire....

*La baronne.* Parce que vous êtes l'orgueil et la contrariété mêmes.

*Le baron.* Pardonnez-moi, madame; je raisonne. La noblesse est peu de chose par le temps présent, dit-on; et je suis complétement de cet avis... Cependant, qui vois-je à la tête du parti? ne nous le dissimulons pas : l'ancienne noblesse! des ducs, des marquis, des princes même!... On veut l'anéantir; mais en vain!... on veut la noyer; eh bien! elle revient sur l'eau!... Le parti libéral se courbe, et se donne pour chefs l'ancienne noblesse, l'ancienne cour, pourvu qu'elle se fasse libérale!... Ce n'est plus, alors, une défaveur...; c'est un mérite, une autorité. Et je serais bien plus tôt ministre des finances, si je prouvais cinq ou six cents ans de noblesse; et je crois pouvoir en venir là.

*La baronne.* Cela peut être. Mais tout le monde vous sait gré d'être roturier; et toute prétention féodale ne tendrait qu'à vous ridiculiser.

*Le baron.* Non, madame; voici comment on s'y prendrait... On ferait répandre, d'abord à petit bruit, que les Soussussous sont bons; qu'ils viennent de loin; qu'ils sont anciens, sans rien préciser... On n'y fait pas, ou peu d'attention... Cependant, mes titres sont réguliers... : j'y mets de la modestie; je n'en parle pas... Cela s'ébruite, cependant!... et Vieugredin fait mettre dans une gazette de ses amies, qu'effectivement la famille des barons de Soussussous est illustre, antique; mais que nous dédaignons ces préjugés de naissance, et que nous en faisons hommage au parti libéral, qui certes nous en saura gré.

*La baronne.* Quel avantage prétendez-vous tirer de cette supercherie?

*Le baron.* C'est un fait!... Au reste, ce serait encore un billet à la loterie; car, quand il n'y aurait pas profit immédiat à se faire une noblesse bien conditionnée, ce serait se ménager un avenir, parce qu'un jour ou l'autre, indubitablement, nous verrons renaître, on ne sait comment, une noblesse, comme cela s'est vu partout depuis le commencement du monde (ce que je ne comprends pas), et on retrouve alors ses parchemins en règle, et l'on jouit de leurs prérogatives.

*La baronne.* C'est vous y prendre de loin!

*Le baron.* Pas tant, madame; on y revient: et nos républicains, vainqueurs de l'Europe, ont repris la routine du temps passé, tout comme les vieux seigneurs d'autrefois.... Voyez-vous, madame, soit dit entre nous, et je ne sais pas pourquoi, mais on y revient toujours!... Il faut qu'il y ait quelque chose là-dessous!...

*La baronne*. Vous débiterez là-dessus tout ce que vous voudrez; vous ne me mettrez jamais dans l'esprit que vous soyez un grand seigneur.

*Le baron*. Je n'ai point d'expérience en ces matières : mais je dois m'en rapporter aux gens de l'art; et le chevalier de l'Écusson est une autorité que je ne puis me permettre de récuser.

*La baronne*. Et quelle est cette ville, votre antique berceau, Vermandois?

*Le baron* (*avec importance*). Ce n'est point une ville, madame; c'est une province!

*La baronne*. Je croyais, avant les départemens, qu'il n'existait que trente-deux provinces, et je ne me rappelle pas celle-là...

*Le baron*. La révolution a passé par-dessus tant de choses!

*La baronne*. Où donc est votre ancien comté de Vermandois?

*Le baron*. Mais....., madame....., il est en France!

*La baronne*. C'est du côté de la Bretagne, je pense...; ou de la Lorraine, plutôt...

*Le baron*. Et non, madame; c'est du côté de la Gascogne.

*La baronne*. Je cherche en vain à me faire illusion; je ne puis reconnaître en vous aucune trace de féodalité.

*Le baron.* Je sais qu'il faut un sacrifice pécuniaire; le chevalier de l'Écusson ne fait pas les bons gentilshommes gratis, je vous en réponds. Mais je pense qu'avec ma fortune, une trentaine de mille francs, pour classer en Europe le nom de Soussussous, ne serait pas un sacrifice exorbitant.

*La baronne.* Vous avez des calculs à vous auxquels je ne comprends rien, je vous assure.

*Le baron.* Ainsi donc, vous pensez que mon idée n'est pas déraisonnable!....

*La baronne.* Si vous n'en dites rien à personne, cela peut être une fantaisie comme une autre!

*Le baron.* C'est une chance dans l'avenir!

*La baronne.* Mais vous ferez quelqu'indiscrétion, et vous compromettrez notre situation politique!

*Le baron.* Moi! des indiscrétions!..... Ah! par exemple!

*La baronne.* Vous n'avez rien de secret pour votre M. Vieugredin!

*Le baron.* Je ne lui parle jamais de mes affaires de bourse!

*La baronne.* Il vous dénigrera, prenez-y garde,

et s'en fera dans le monde un mérite à vos dépens! Cet homme est une vipère!

*Le baron (avec chaleur).* Madame, Vieugredin est premièrement un ami sincère; c'est votre M. de Mordant qui nous mettrait en pièces l'un et l'autre, s'il trouvait à se faire valoir à nos dépens!

*La baronne.* Vous attaquez ce pauvre Edouard, et vous ne pouvez vous passer de lui!

*Le baron.* Oui, parce qu'il m'amuse, et parce que je ne puis m'en débarrasser. Mais je suis loin de l'estimer autant que vous, madame?

*La baronne.* Vous le jugez sévèrement, parce qu'il est un homme comme il faut.

*Le baron.* Non, mais parce que c'est un étourneau, madame, auquel il ne faut pas se fier!

*La baronne.* Sous une apparence de frivolité, monsieur, il est plein de sens autant que spirituel.

*Le baron.* Je n'en disconviens pas; mais convenez, baronne, quand on a, comme nous, plusieurs millions de fortune, un rang dans le monde, et très-probablement une origine illustre, qu'il est dur de n'avoir pas d'héritier masculin de ses avantages sociaux.

*La baronne.* Ah! de grâce, trève à ces rabachages surannés!

*Le baron.* Je ne sais, madame; mais le sentiment de ma race antique m'a rendu l'espoir de revivre après nous dans un héritier de mes noms et armes!

*La baronne* (*sèchement*). Le temps en est passé!

*Le baron.* Nous ne sommes pas encore sans espoir, et je pourrais légalement revendiquer mes droits civils et politiques à la fois.

*La baronne* (*dédaigneusement*). Ah! monsieur, ne me parlez pas de féodalité, si vous voulez bien!..... la raison humaine s'est mise au-dessus de ces préjugés de famille, qui ne peuvent qu'humilier des âmes fières et généreuses, qui recèlent en elles-mêmes le feu sacré de la liberté!

*Le baron.* Madame!..... madame!.... Ah! mon Dieu! n'en parlons plus!..... Je ne croyais cependant pas que la population fût anti-sociale par elle-même, et que déjà le mariage fût un préjugé! (*On entend un roulement de tambour.*)

*La baronne.* Quel est ce vacarme?

*Le baron* (*décontenancé*). Ne serait-ce pas un charivari!..... quelque noirceur de Bourbonet!

*Un laquais.* Les tambours et les musiciens de la légion de la garde nationale viennent féliciter monsieur le baron et madame la baronne sur le mariage de mademoiselle.

*Le baron* (*de mauvaise humeur*). J'ai donné ma démission de capitaine, et l'on ne tambourine pas les simples chasseurs!..... Qu'ils s'aillent promener, eux et leurs fanfares!

*La baronne*. Vous êtes aujourd'hui, monsieur, d'une irritation extravagante!

*Le baron*. Ils veulent me faire des frais comme si j'étais colonel.

*La baronne*. Donnez aux malheureux pour boire, ce sera fini!

*Le baron*. On me pousse à bout de toutes parts!

*La baronne*. Cela n'a pas de nom.

*Le baron*. Ce sont des faux frais sans fin, des non-valeurs perpétuelles.

*La baronne*. Vous êtes heureux! matériellement heureux! c'est votre caractère impressionnable et difficultueux qui vous fait croire le contraire!

*Le baron* (*avec humeur et finesse*). Madame, quand on rencontre dans la vie des mécomptes de toutes les espèces, il est impossible, malgré les millions qu'on peut avoir, que le caractère ne s'en ressente pas à la longue!

*La baronne*. Que vous manque-t-il donc pour être heureux?

*Le baron*. Que ne me manque-t-il pas?

*La baronne.* Quelle inconcevable prétention d'adversité?

*Le baron.* Comment! madame, je marie ma fille, et la police le sait avant moi! Les billets de part ne sont pas portés que toute la ville me tambourine, et vous me dites heureux et maître chez moi, peut-être.

*La baronne.* Je ne dis pas cela; mais vous ne pensez, vous ne vous entendez qu'à votre bourse; il faut bien que je pense à ma fille!.... Vous êtes heureux plus que vous ne méritez, monsieur.

*Le baron* (*exaspéré.*) Ma vie est un enfer! Madame. (*On entend la musique de la garde nationale qui joue l'air :* Où peut-on être mieux qu'au sein de sa famille.)

(*A la fin de l'air, le baron s'écrie :*) Je crois que ces gaillards veulent se moquer de moi.

*La baronne.* Ce serait risible, si l'on n'était pas indignée!

## SCÈNE III.

LE BARON, LA BARONNE, DE MORDANT.

*De Mordant.* Il me semble que la plus parfaite harmonie règne en ces lieux!

*La baronne.* Il est moins raisonnable que jamais!

*Le baron.* On me persécute de toutes manières!

*La baronne.* Il méconnaît tout ce qu'on fait pour lui.

*Le baron.* On veut me faire caissier ou valet de chambre dans ma propre maison.

*La baronne.* Monsieur veut faire à sa tête, et n'écouter aucun avis.

*Le baron.* Et quand cela serait, madame; quand j'écouterais tout le monde, en serais-je plus maître chez moi?

*La baronne* (*à de Mordant.*) Vous l'entendez. (*De Mordant fait signe du doigt que le baron a le cerveau dérangé.*)

*Le baron* (*à de Mordant.*) Vous êtes l'ami de ma femme, n'est-ce pas?

*De Mordant.* Avec enthousiasme.

*Le baron.* Eh bien! Je vous prends pour juge entre elle et moi.

*De Mordant.* Vous perdrez votre procès, je vous en avertis!

*Le baron.* Cela n'est pas possible: vous allez voir!

*La baronne.* Il prend le chemin des Petites-Maisons.

*Le baron.* On marie ma fille, et les tambours de la ville le savent pour ainsi dire avant moi! On dîne chez moi : mais l'on me connaît à peine. Enfin, j'ai chez moi beaucoup moins d'empire que vous : est-ce convenable, je vous le demande?

*De Mordant.* J'en étais sûr! Vous avez tort, complètement tort.

*Le baron.* En quoi donc?

*De Mordant.* Vous êtes trop heureux : occupez-vous de votre banque, et ne sortez pas de là.

*Le baron.* C'est justement cela.

*De Mordant.* Laissez-nous faire de la politique pour vous!... Faites votre banque à loisir, tandis que votre femme et vos amis agiront pour vous, et vous feront ministre des finances, sans que vous ayez à vous en mêler!

*Le baron.* Et le mariage de ma fille : m'a-t-on consulté?

*La baronne.* Eh! monsieur, ne disiez-vous pas tantôt : Mariez ma fille, ne la mariez pas, je ne me mêle pas des affaires de ménage?

*Le baron.* C'est vrai, j'ai dit cela; mais j'étais en colère, et l'emprunt m'avait mis hors de moi.

*De Mordant.* J'étais sûr que vous aviez tort : écoutez, cher baron, faites votre banque, laissez-nous faire; jouissez de la vie, et ne vous chagrinez pas comme un obscur citoyen, des soins minutieux qui ne conviennent qu'à de petits ménages.

(*La symphonie recommence, et le baron parle à de Mordant, qui ne fait pas semblant de l'entendre.*)

*De Mordant.* On ne s'entend pas, cher baron, faites votre petit sacrifice, et débarrassez-nous de ce tintamare, pour l'amour de Dieu.

*Le baron.* J'y vais, et je reviens à notre affaire, si les importuns ne m'en empêchent.

## SCENE IV.

DE MORDANT, LA BARONNE.

*De Mordant.* Le pauvre homme, qui me prend pour juge entre vous et lui !...

*La baronne.* Comment, vous pensez réellement que vous ferez quelque chose de mon mari ?

*De Mordant.* Pourquoi pas ? Parce que c'est un pauvre homme ?... Ce n'est pas une raison !...

*La baronne.* Ne faut-il donc pas quelque supériorité pour des emplois publics ?

*De Mordant.* Depuis Homère jusqu'à nos jours, combien n'a-t-on pas vu de ministres des finances dont on n'a pas exigé de poëmes épiques !

*La baronne.* Que faire de ses manières non-seulement communes, mais si privées d'élégance!

*De Mordant.* Avec une excellente maison, des idées libérales, et une femme supérieure, le baron de Soussussous a tout ce qu'il est nécessaire d'avoir pour être un très passable ministre des finances.

*La baronne.* Je redoute sa médiocrité!

*De Mordant.* Je ne regarde pas le baron comme un aigle, à beaucoup près : mais cependant, avec sa fortune, sa femme, un journal et sa lithographie, je vous réponds d'en faire quelque chose!

*La baronne.* Il est si restreint d'imagination, qu'il déjouera tous vos projets.

*De Mordant.* Mais comment est-on ministre, la plupart du temps, je vous le demande?... Est-ce par capacité?... Non, c'est par hasard! C'est par toute autre chose que par capacité! C'est, le plus souvent, parce qu'on n'est bon à rien, et parce qu'on n'offusque personne!... C'est parce qu'on laisse une porte ouverte à tout le monde!.. La plupart du temps, c'est par hasard. Et pour quelle raison ne voulez-vous pas que votre mari, parce qu'il est médiocre, ne gagne pas à la loterie comme les autres, lui qui fait à la Bourse de meilleures affaires que s'il était un homme d'esprit?

*La baronne.* Vous dites les choses comme personne.

*De Mordant.* Mais vous voulez richesse, convenances, grâces, élégance dans le baron de Soussussous!... Vous êtes insatiable, ma parole d'honneur!

*La baronne.* Ah! mon cher Edouard! le monde porte un jugement bien fragile sur le bonheur de la vie sociale, brillante en apparence, mais hélas!...

*De Mordant.* Je sens bien que le baron n'est pas un élément de bonheur pour une femme aérienne comme vous: mais il est si rare, dans ce bas monde, de rencontrer toutes les intelligences, toutes les félicités réunies, qu'il faut se faire une raison, et supporter une insuffisance de supériorité qu'il ne dépend pas de nous de rectifier. Il faut, chère baronne, il faut de la philosophie dans ce bas monde!

*La baronne.* Savez-vous, Edouard, que vous avez, de temps à autre, des idées d'une profondeur qui me confond.

*De Mordant.* Cela m'arrive parfois!... par hasard!...

*La baronne.* Et je ne comprends pas qu'avec la conception et la facilité que vous possédez éminemment, vous restiez sans ambition, et sans chercher à vous immiscer dans les affaires publiques, où vous auriez incontestablement réussi.

*De Mordant.* En voici la raison. Il faudrait jouer la comédie, prendre un air réfléchi, capable, qui me désigne, au pouvoir ou bien au public, comme propre aux affaires, à la politique, et je ne peux pas, je ne veux pas me contraindre!... Mes amis et ma liberté, je ne connais que cela!

*La baronne (avec rêverie et abandon).* Ah, cher Edouard, ce ne sont pas l'or et les lambris dorés qui portent au cœur ces douces émotions qui font le bonheur de la vie!

*De Mordant (interrompant spontanément la baronne).* A propos, vous ne savez pas ce qu'on vient de me dire?

*La baronne.* Qu'est-ce?

*De Mordant.* C'est un conte, je le parie!

*La baronne.* Eh bien?

*De Mordant.* Quelque chose de votre mari!

*La baronne.* Quelque gaucherie, j'en suis sûre!

*De Mordant.* Point; et tout le monde lui fait l'honneur de cette idée; mais je suis sûr que c'est un conte!

*La baronne (dédaigneusement).* Serait-ce quelques millions de plus dont il aurait accru son portefeuille?

*De Mordant.* Au contraire; c'est une générosité!

*La baronne.* C'est une mystification.

*De Mordant.* Point du tout : mais c'est une idée que je croyais venir de vous!

*La baronne.* De moi?...

*De Mordant.* Cependant le public lui en fait honneur!

*La baronne* (*avec impatience*). Dites donc enfin ce dont il s'agit!...

*De Mordant.* On parle généralement du mariage de Cécile, et l'on prétend que le baron de Soussussous, présumant que son gendre avait contracté quelques dettes en faveur du parti, votre époux, dis-je, lui reconnaissait dans la communauté par contrat de mariage, et le plus généreusement du monde, un capital de six cent mille francs pour libérer son duché d'Embrouillamini des dettes contractées pour la cause libérale!...

*La baronne* (*stupéfaite*). Est-il possible!

*De Mordant.* Cela se dit; mais vous seule avez pu concevoir cet acte d'une haute, judicieuse et véritable politique!... Cependant le public en fait honneur à monsieur le baron!...

*La baronne* (*indignée*). N'est-ce pas désespérant pour notre sexe, que tous les sentimens généreux, toutes les pensées élevées soient toujours et aveuglément attribuées à des êtres qui nous dominent, non certes par leur supériorité d'intelligence, mais par l'aveugle calcul des lois?

*De Mordant.* Vous avez bien raison, c'est criant!

*La baronne.* Il me vient une idée!... Oui;... je paralyserai l'acte prétendu de générosité de mon mari, qui certes ne s'en attribuera pas le mérite!

*De Mordant.* Ce ne sera que justice.

*La baronne.* Je vous quitte; je vais immédiatement écrire à mon notaire à ce sujet. (*Elle sort.*)

*De Mordant.* Elle va faire quelque folie!..... J'en fais ce que je veux!...

# ACTE VIII.

## SCENE PREMIÈRE.

LE BARON seul.

Puisque nous voilà seul un moment avant le dîner, revoyons un peu notre calepin !.... Cela chasse de l'esprit le tracas des affaires..., et je recevrai mieux mes convives !.... Et 3 millions.... 275.... cela fait juste 21 millions 313 mille.... auxquels il faut ajouter un arriéré, puis déduire le déficit de l'article industrie, et nous en serons l'année prochaine aux 25 millions net.... compte rond.... Cela console de bien des désagrémens avec lesquels la vie ne serait pas tenable !... Alors une fois là, bien certainement, je réalise, et je quitte les affaires définitivement !... une fois pour toutes!... parce qu'il faut se reposer!... Mais, j'en disais autant, que je n'en étais encore qu'aux 20 millions.... Il ne faut jurer de rien!.... Somme totale, c'est satisfaisant!.... Mais, j'aurais pu mieux faire, et sans Sainte-Pélagie, je n'en serais pas resté là!...

## SCENE II.

LE BARON, VIEUGREDIN.

*Vieugredin.* Cher baron, je viens de prendre sur moi une chose dont vous me saurez mauvais gré peut-être!

*Le baron.* Qu'est-ce donc, cher ami?

*Vieugredin.* Je viens de rencontrer mon ancien collaborateur et ami Débaptisé, le rédacteur du *Royaliste par circonstance*, et je l'ai, cela m'a passé par l'esprit, engagé à dîner aujourd'hui chez vous!

*Le baron.* Cela m'enchante!

*Vieugredin.* J'ai pensé que vous trouveriez assez piquant de réunir chez vous et de réconcilier peut-être deux ennemis politiques qui n'attendent, je le pense du moins, qu'une occasion favorable de se toucher dans la main.

*Le baron.* C'est m'obliger infiniment!... J'aime les fusions!

*Vieugredin.* Et sachant que vous receviez aujourd'hui le cher Rébeccot, le directeur du *Père Duchêne de salon*, j'ai pensé que vous ne seriez pas fâché de réunir ces deux rivaux politiques et littéraires, et de les mettre en contact comme par hasard!

*Le baron.* Vous me ravissez!... Cette réunion sera curieuse, et deviendra peut-être un évènement politique!

*Vieugredin.* Oui, deux ennemis irréconciliables en apparence, et qui ne désirent peut-être qu'une occasion d'être bras dessus bras dessous, il serait je pense piquant de les rapprocher!

*Le baron.* Je vous remercie bien sincèrement de m'avoir mis dans le cas de les mettre ensemble et de les faire peut-être se toucher dans la main... Nous parlions de journaux tantôt!... C'est un de ces journaux-là qu'il faudrait avoir.

*Vieugredin.* Ce serait toute autre chose!

*Le baron.* Ce serait cher!

*Vieugredin.* Il n'y a rien à faire avec Rébeccot!... C'est le parti... Mais Débaptisé vieillit...

*Le baron.* Pensez-vous qu'il se dégoûte?

*Vieugredin.* Il a besoin de repos!

*Le baron.* Vendrait-il son journal?

*Vieugredin.* Il vendrait, mais il lui faudrait un pont d'or!

*Le baron.* C'est ce que je crains!

*Vieugredin.* Vous pensez bien qu'un homme comme Débaptisé, qui jouit de l'estime publique et d'une considération européenne, ne peut se vendre comme un obscur folliculaire!

*Le baron.* C'est juste!

*Vieugredin.* On se moquerait universellement de lui, s'il se vendait comme un de ces journalistes meurt de faim, ou repris de justice que l'on paye toujours trop cher, quoiqu'on les achète à vil prix. Et Débaptisé a trop le sentiment de ce qu'il se doit à lui-même, pour consentir, sans de grands avantages pécuniaires, à rentrer dans la fange obscure dont son journal le fait sortir quotidiennement.

*Le baron.* Quelles pourraient être ses prétentions?

*Vieugredin.* Des choses extravagantes!..

*Le baron.* Et quoi?

*Vieugredin.* Cela ne s'imagine pas!... On ne peut se figurer ce que c'est que les prétentions d'un journaliste moderne!

*Le baron.* Encore?

*Vieugredin.* Cela ne mérite seulement pas la peine d'y penser.

*Le baron.* Un million, peut-être?

*Vieugredin.* Vous n'y êtes pas.

*Le baron.* Douze cent mille francs, par exemple?

*Vieugredin.* Je ne sais : mais voilà ce que j'ai remarqué en le sondant sur ses prétentions possibles. J'ai parlé d'homme riche, de vente avantageuse possible, d'un repos honorable et lucratif après une longue série de troubles, de travaux!... Aucun signe ne s'est manifesté dans le geste ni le maintien de notre homme politique!... J'ai franchi le Rubicon, j'ai parlé d'un million... Calme plat!... Enfin, il ne m'en coûtait rien, j'ai parlé de quinze cent mille francs, et notre homme restait impassible; mais ce n'était qu'un maintien : un léger sourire du coin gauche de sa bouche, je l'observais attentivement, m'a convaincu que j'avais touché la corde sensible!

*Le baron.* Quinze cent mille francs!...

*Vieugredin.* Il n'y faut pas penser! Ce serait une extravagance que le temps présent ne justifierait même pas!

*Le baron.* C'est fou!... Eh bien! cher ami, s'il n'avait demandé qu'un million..... je ne sais ce que j'aurais fait.....

*Vieugredin.* Mon cher baron! ce serait la plus pure folie! folie à laquelle une tête financière comme la vôtre ne saurait s'arrêter un instant.

*Le baron.* Mais cet homme là sait-il bien ce que c'est que l'argent comptant?

*Vieugredin.* Vous savez quelles sont les prétentions modernes!.. Les journalistes qui régentent les peuples et les rois, et qui tous les matins, avant de déjeûner, ont déjà donné des leçons à l'univers, ont une telle idée de leur force morale et politique, qu'aucun honneur ne leur semble à leur niveau!.. Il n'est que le besoin du repos qui les sollicite à rentrer dans la vie privée, et il est simple alors qu'ils désirent se reposer sur l'ouate molle au milieu des délices de la vie!....

*Le baron.* Quinze cent mille francs!

*Vieugredin.* Oh! je dis quinze cent mille francs! je n'ai pas dit quinze cent mille francs comptant; je crois qu'on s'arrangerait.

*Le baron.* Et comment?

*Vieugredin.* Il ne résisterait pas, je pense, à de solides garanties! Je le crois las de sa renommée; et s'il entrevoyait de respectables hypothèques, la baronie de Soussussous et votre hôtel de la Chaussée-d'Antin, par exemple, je pense, dis-je, qu'il ne résisterait pas à de semblables garanties!.. Mais, entre nous soit dit, ce serait de la démence, et vous ne pouvez vous arrêter un instant à cette idée!

*Le baron.* Ecoutez donc, cher ami, cela change la thèse !

*Vieugredin.* Folie!... pure folie!

*Le baron.* Soixante-quinze mille francs par an, c'est beaucoup sans doute, mais il n'y a pas de capital à débourser, voyez vous..... C'est une considération.

*Vieugredin.* Bah?....

*Le baron.* Avec du temps, voyez-vous, on peut se refaire.... On voit venir!... on dirige les circonstances! et, si j'étais plus jeune, je ferais peut-être l'opération!.. On n'acquérerait pas seulement un journal; on se donnerait une extension de crédit incalculable !...

*Vieugredin.* Vous m'étonnez! vous avez une conception financière, une manière d'envisager l'avenir, de voir les choses en grand, qui m'étonne avec votre simplicité naturelle!

*Le baron.* Oui, on me croit bonhomme, simple, on vient à moi, l'on me propose des affaires, et l'on se dit : « Cet excellent baron de Soussussous, il est si facile en affaires; on en fait ce qu'on veut... » et je les mets dedans; ah! ah! ah! et ce n'est que par la suite des temps qu'on se dit : « Le baron de Soussussous n'est pas si bête. » Ah! ah! ah!

*Vieugredin* (*riant avec le baron*). Ah! ah! ah!

ah!..... c'est excellent!..... véritablement excellent!.....

## SCENE III.

LE BARON, VIEUGREDIN, DÉBAPTISÉ, UN LAQUAIS.

*Le laquais.* M. Débaptisé!

*Le baron.* Infiniment honoré d'avoir l'honneur de vous recevoir!.. C'est à mon ami Vieugredin que je dois cette bonne fortune qui me ravit véritablement!...

*Débaptisé.* M. le baron, avec un ami comme M. Vieugredin, on conçoit facilement une estime réciproque!...

*Le baron.* C'est juste! Vous ne sauriez croire, M. Débaptisé, combien j'honore votre profession, si nécessaire au bonheur de l'humanité. Nous disons la Charte avant tout; mais, immédiatement après elle, je révère au dernier point les journalistes, et je vous avoue même, qu'intérieurement, au fond du cœur, je dis les journalistes et la Charte.

*Débaptisé.* C'est une chose fort honorable pour nous d'être placés si haut dans l'estime de M. le baron de Soussussous.

*Le baron*. C'est une profession bien honorable que la vôtre; car vous êtes en réalité, vous autres journalistes, à la tête de ce qu'on appelle la civilisation, vous disposez de toutes les influences! On ne peut rien être sans vous.

*Débaptisé*. Mais les fatigues!...

*Le baron*. Mais l'influence!...

*Débaptisé*. Nous faisons les hommes de génie; eh bien! on ne nous en tient pas compte. Nous n'avons pour nous que l'estime publique, la nôtre et celle de nos abonnés!

*Le baron*. Mais vous faites aussi des ministres à peu près quand vous voulez!

*Débaptisé*. Mais, M. le baron, nous n'en sommes pas là; nous ne sommes pas à la hauteur que vous nous supposez obligeamment, et voilà le mal!.. Nous défaisons des ministères, il est vrai; mais nous ne faisons pas les ministres que nous voulons!... A peine, dans un renouvellement de système, obtenons-nous un ministre de notre choix!.... Aussi, Dieu sait comment les choses vont! Oh! M. le baron, il faut bien du courage; il faut avoir une vocation bien particulière, pour se livrer au pénible fardeau de faire entendre raison, tout à la fois, à l'univers, à des collaborateurs prétentieux, et à des actionnaires avides!

*Le baron* (*bas à Vieugredin*). Il se dégoûte...

(*Haut.*) Il est vrai, vous n'avez pour vous que l'estime publique !...

*Débaptisé.* La seule chose, monsieur le baron, qui me soutienne dans ma pénible carrière, c'est l'honneur.

*Le baron* (*inquiet, bas à Vieugredin*). Il parle de son honneur.

*Vieugredin* (*bas au baron*). Il ne faut pas désespérer !

*Débaptisé* (*continuant son discours*). C'est l'amour de mes semblables, c'est la conviction intime d'une capacité politique que d'autres n'auraient probablement pas, et que, sans me flatter, je crois utile au bien-être de la France, ma patrie, et de l'humanité, ma contemporaine, qui me font un devoir de me dévouer au bien-être général.

*Le baron.* Vous vivez d'estime publique.

*Débaptisé.* J'y mets du courage !

*Le baron* (*bas à Vieugredin*). Avec des hypothèques on se tirera d'affaires !

*Vieugredin* (*bas au baron*). Je vous le disais !.....

## SCENE IV.

LES PRÉCÉDENS, M. RÉBECCOT.

*Un laquais.* Monsieur Rébeccot.

*Le baron.* Bien heureux d'avoir l'honneur de vous recevoir : vous savez, une fois pour toutes, que vous êtes ici comme chez vous!

*Rébeccot.* Mon cher baron, vous protégez les principes, les lumières! vous méritez des amis, et vous en avez!... Le genre humain vous appréciera!... vous irez loin en marchant avec le siècle!......

*Le baron.* Je cherche à m'éclairer des lumières nouvelles!

*Rébeccot.* C'est une mine d'or! C'est ce qu'il faut bien comprendre... On ne peut plus se nourrir de pain et de vin. La génération qui s'avance vit de toute autre chose que nos parens, que nous appellons encore vulgairement des *aïeux!*..... Il faut à la population naissante, à l'intéressante jeunesse qui marche sur nos traces, qui nous talonne et qui nous dépassera, sans doute, dans le vaste développement de l'esprit humain, une direction infiniment moins matérielle que celle des temps que nous appellions *classiques!* Elle veut vivre, elle a besoin de vivre, la jeunesse moderne, dans une atmosphère idéale d'intelligence et de liberté, qui disposant la nature agitée pour être industrielle, la perfectionnera de lustre en lustre, de manière à parcourir toutes les phases de l'esprit humain!

*Le baron.* C'est juste, et cela me paraît parfaitement bien raisonné.

*Rébeccot* (*apercevant Débaptisé*). Monsieur Débaptisé!...

*Débaptisé.* Monsieur Rébeccot!

*Rébeccot.* En vérité...

*Débaptisé.* Je me sens...

*Rébeccot.* Estimable confrère...

*Débaptisé.* Pénétré...,

*Rébeccot.* C'est avec...

*Débaptisé.* Défenseur de nos libertés...,

*Rébeccot.* Un sentiment...

*Débaptisé.* D'une vive satisfaction...

*Rébeccot.* Inexprimable...

*Débaptisé.* De renouveler...

*Rébeccot.* De joie et de fraternité...

*Débaptisé.* Les liens primitifs...

*Rébeccot.* Que je retrouve...

*Débaptisé.* Qui jadis ont uni...

*Rébeccot.* Un compagnon d'étude et d'enfance!

*Débaptisé.* Notre jeune âge!

*Le baron.* C'est ainsi que deux généraux d'armées ennemies aiment en temps de paix à se féliciter des coups qu'ils se sont portés.

*Débaptisé.* Comment donc! de l'esprit, du bel esprit! Il est bien vrai que le siècle marche!

*Le baron* (*souriant avec modestie*). Ah! ah!...

*Rébeccot.* La finance, et surtout la haute finance, est bien loin de s'opposer à l'intelligence humaine.

*Le baron.* Messieurs, c'est sans prétention, je vous le jure!

*Rébeccot.* Nous autres gens dont le métier est de faire de l'esprit, nous accordons à ceux qui font fortune sans phrases, une sincère estime, je vous proteste!

*Le baron.* Messieurs, c'est de votre part un excès d'indulgence!... et même de la flatterie!

*Rébeccot* (*à Débaptisé*). Cher et ancien ami, enfin, nous voici dans la même ligne! L'intérêt particulier nous a divisés; un intérêt commun nous rapproche.

*Débaptisé.* Nous avons effectivement marché dans des sentiers divergens, cher compagnon de mon enfance; mais la fortune a divers chemins, et si nous nous sommes heurtés en parvenant au but de nos vœux, c'est de même que ces chevaux fougueux de l'antiquité, qui pulvérisaient dans l'arêne les chars dorés de leurs adversaires; c'est comme la lutte ou le pugilat, qui ne rendaient ennemis, ni les vainqueurs ni les vaincus, parce qu'au fond du cœur tous s'estimaient!

*Rébeccot.* Parfaitement dit, éloquent ami; vous prouvez que vous tenez à l'ancienne école. Vous y mettez, je le vois, du caractère; mais, à cela près, vous êtes libéral, et nous nous honorons de vous compter dans nos rangs.

*Débaptisé.* En adoptant notre ligne constitutionnelle, en votant les emprunts ministériels, c'est vous, mon honorable confrère, qui vous êtes rapproché des sentimens monarchiques que j'ai si long-temps professés!....

*Rébeccot.* J'ai tiré, peut-être, à gauche; vous avez tiré, peut-être, à droite!.... mais le fait est que nous tirons ensemble!... le fait est que nous sommes faits pour nous estimer, et pour marcher la tête haute.

*Le baron.* Que je suis fier d'être le témoin, chez moi, d'une réunion si sincère!.... (*A Vieugredin.*) Ce que c'est que d'avoir une bonne maison!

## SCÈNE V.

LES PRÉCÉDENS, M. DUPINCEAU.

*Un laquais.* Monsieur Dupinceau.

*Dupinceau.* J'arrive indiscrètement, peut-être, vous demander à dîner.

*Le baron.* Jamais ! votre couvert est toujours mis chez moi.

*Dupinceau.* J'avais des notes à prendre chemin faisant ; j'avais oublié mon bâton d'encre de la Chine, cela m'a fait perdre du temps.

*Le baron.* Et votre temps est si précieux !

*Dupinceau.* J'ai fait une remarque dont vous ne devez pas être fâché : on meurt par an deux fois, sur 57 et demie, dans la Chaussée-d'Antin, tandis qu'on meurt presque deux fois, sur 48 trois quarts, dans le quartier Contrescarpe !

*Le baron.* C'est bon à savoir !

*Dupinceau.* C'est fort intéressant !

*Le baron.* Cela donnera du prix à notre quartier !

*Dupinceau.* Considérablement.

*Le baron.* Cela devrait augmenter la valeur des immeubles de ce côté-ci de l'eau.

*Dupinceau*. Indubitablement! Eh bien, on ne se doutait pas de cela.

*Le baron*. Et d'où cela vient-il?

*Dupinceau*. Les miasmes y sont pour quelque chose; mais, outre cela, dans le quartier de la fortune et des intelligences on vit nécessairement plus long-temps.

*Le baron*. C'est une observation for agréable pour nous autres propriétaires de la rive droite!

*Dupinceau*. C'est du positif!

*Le baron*. On rend bien justice dans le monde à votre rectitude de calcul, je vous assure!

*Dupinceau*. Savez-vous, cher baron, en dînant chez vous sans invitation, ce que je sacrifie de dîners?

*Le baron*. Patriotiques?

*Dupinceau*. La plupart.

*Le baron*. Je ne sais.

*Dupinceau*. J'en ai fait le calcul!.... Dans le taux présumable de mes invitations par jour, depuis que ma réputation me place à la tête des industries, j'ai, depuis cinq ans et sept mois, reçu trois invitations et un treizième de dîner par jour : c'est donc, terme, 2 et un treizième de dîner dont je suis heureux de vous faire le sacrifice aujourd'hui.

*Le baron*. C'est fort aimable à vous.

*Dupinceau.* C'est fatigant, à la longue!

*Le baron.* Vous êtes si constamment recherché!

*Dupinceau.* Voilà le plaisir qu'il y a d'être si éminemment industriel et libéral.

*Le baron.* Il faut de la tête, sans doute, mais surtout un estomac de fer!

*Vieugredin.* C'est tout profit, sauf les indigestions.

## SCÈNE VI.

LES PRÉCÉDENS, LE PRINCE CARBONARINO.

*Un laquais.* Le prince Carbonarino.

*Le baron* (*à demi-voix à la compagnie*). C'est un de nos bons d'Italie. (*Au prince.*) Mon prince, bien honoré d'avoir l'honneur de vous recevoir.

*Le prince.* Zan souis, mou ami, ben enzanté de vous connaître; les hommes qui pensent se recherchent natourellement.

*Le baron.* J'ai bien pris part à vos infortunes constitutionnelles.

*Le prince.* Zai manqué tout près d'être pendou. Ze vais dire à vous cé qué c'est.... Zou souis de toute l'Italie celoui qui sait et parle le mioux la français. Zaime pazionement Voultaire, et souis abouné à *le Constuzionel*.... Un zour, c'était oun soir, le grand inquisitour, qu'est oun buon ami à moi, me dit : « Mon zer Carbounaro, vous êtes « franc-maçoun ? — C'est vrai. —Vous recevez « sous main des zournaux françous, *le Constu-* « *zionel?* — Oui bien, votre éminence. — Eh « bien, ze vous dirai et qué c'est. Partez; allez- « vous-en. — Perché? que ze dis. — Partez ce « soir pour ne pas être pendou demain. — Amico, « que ze dis à mon ami le grand propagentist, é « qu'est-ce que c'est ça? perché et pour quelle « raison ? — Ze souis zef de poulice des gens tran- « quilles, le défensour des hoummes paisibles et « de la lézitimité; per conséquent ze fais la guerre « aux brouillons. — La lézitimité ! qué dis-ze? et « la répoublique roumaine, n'est-ce pas la léziti- « mité pour le sol de l'Italie? — Prenez-garde à « vous, amico, me dit le prélat en passant la main « sous son menton ; bon voyage, » et me tourna le dos..... Non, que ze dis en moi-même, ze ne quitterai pas le sol de la gloriouse répoublique! Z'y mets dou caractère.... Mais la nouit ze me dis: partirai-ze, ne partirai-ze pas? Toute la nouit!..... Enfin ze me dis : allons voir mes bons amis de Paris, je serai répoublicain de Rome à mon aise, et ce sera plous proudent.

*Vieugredin.* Vous avez bien fait, mon prince!

Autant vaut ne pas se laisser mettre la main au collet!...

*Le baron.* On ne pend plus chez nous. C'est une bénédiction d'être Français!

## SCÈNE VII.

LES PRÉCÉDENS, LE BARON DOMINGO.

*Un laquais.* Monsieur le baron Domingo, envoyé d'Haïti!

*Le baron* (*à ses amis*). C'est l'envoyé pour l'emprunt!... (*A Domingo.*) Soyez le bien venu, M. le baron; daignez recevoir l'assurance de mes sentimens.

*Domingo.* Merci!...

*Le baron.* Vous venez d'Haïti, à ce qu'il me paraît!

*Domingo.* Oui!

*Le baron.* Et comment cela va-t-il dans le pays?

*Domingo.* Mal!

*Le baron.* Et l'emprunt?

*Domingo.* Pas!

*Le baron.* Est-ce que le travail ne reprend pas chez vous?

*Domingo* (*fait signe que non*).

*Le baron.* Est-ce que l'émulation, le désir de s'enrichir, l'industrie enfin, ne renaissent pas?

*Domingo.* Pas esclaves, pas travail!...

*Le baron.* Et l'emprunt?

*Domingo.* Pas esclaves, pas argent!...

*Le baron.* Mais monsieur le baron me permettra de lui faire remarquer, que la stipulation.....

*Domingo.* Pas esclaves... Nix!...

*Le baron.* Comment! monsieur le baron, vos compatriotes de Saint-Domingue ne veulent pas travailler pour gagner de l'argent à la sueur de leurs fronts, comme les malheureux contribuables de France!

*Domingo.* Nègres, pas esclaves, nègres gentilshommes!

*Le baron.* Et le progrès des lumières, de l'industrie.

*Domingo.* Nègres Haïti, gentilshommes!.... Gentilshommes point travailler!

*Le baron.* Mais, M. le baron, permettez-moi de vous dire que c'est contraire aux principes les plus modernes.

*Domingo.* Madagascar, pas gentilshommes.

*Le baron.* Ah! les nègres du Madagascar ne sont pas gentilshommes.

*Domingo* (*avec mépris.*) Pas!

*Le baron.* Comment! vous voulez faire travailler vos frères de Madagascar?... Et la prohibition de la traite, qu'en faites-vous donc?

*Domingo.* Pas Madagascar, pas esclaves, pas mi llions

*Le baron* (*à la société*). Par ma foi, messieurs, avec nos principes, nous aurons bien de la pein e à t er des millions de ce pays-là!

## SCÈNE VIII.

LES PRÉCÉDENS, CASIMIR SAITOUT.

*Un laquais* Monsieur Casimir Saitout.

*Saitout* (*au baron, avec l'air sûr de son fait*). Bon jour, cher baron!... Messieurs, bien votre serviteur!... Ah! ah!... j'en ris encore : vous ne savez pas?... Je sors de chez mon grand-oncle le mousquetaire, vieux comme Hérode, et qui doit me laisser un jour ou l'autre 3247 francs 10 sous de rente, après sa mort bien entendu, et ce qui sans doute est fort joli!... Cela n'a pas une idée du temps qui court. Il est à cheval en permanence sur ses mousquetaires gris, et ne sort pas de là!... Il m'a dit : « Mon neveu! te voilà sorti de l'Ecole polyclénique (il ne peut prononcer autrement), il faut faire quelque chose!... Il n'y a plus de mousquetaires!..... il faut cependant prendre une carrière!... Tu as du savoir, à ce qu'on dit, il faut te mettre dans le génie...—Ma carrière est toute trouvée, mon cher oncle.— Laquelle? —La seule aujourd'hui! celle du ministère. — Du ministère! s'écrie le bon homme avec étonnement!... —Croyez-vous, mon oncle, qu'un aigle de l'Ecole polytechnique, soit fait pour végéter entre des lignes parallèles, et pour faire raccommoder de vieux pans de murailles en désarroi?... Aujourd'hui la jeunesse a trop d'intelligence, elle sait trop ce qu'elle vaut, pour consentir à s'enterrer vivante ou végéter sans éclat. —Mon pauvre Casimir a perdu l'esprit, s'écrie mon octogenaire d'oncle; ils me l'ont tué sans miséricorde à force de savoir!... Et que feras-tu d'ici-là? — Je ferai des journaux; je régenterai les rois, j'exalterai la jeunesse!... Je suis déterminé, mon oncle, à me rendre illustre et supérieur!... J'instruirai la génération qui s'avance avec moi. —C'en est fait, ce pauvre Casimir a perdu l'esprit (*on rit*).» —C'est à vous, messieurs, c'est à vos immortels feuilletons que je dois cette supériorité, que vous m'avez révélée, et que j'ai perfectionnée à votre école.

*Rébeccot.* Le fat! C'est bien flatteur pour nous!

*Saitout.* Pardonnez-moi donc d'avoir cette haute opinion de moi-même; car si je me crois supérieur à votre temps, c'est vous qui m'avez appris à me connaître; c'est à l'inappréciable jeunesse, qui se sature de vos idées, qui vieillissent déjà, à laquelle vous avez appris tout ce qu'elle peut valoir, que je dois la confiance d'une supériorité que vous nous avez révélée, et nous en serons toujours reconnaissans!...

*Dupinceau* (*aux journalistes*). Je ne le crois pas fort sur les mathématiques!

## SCÈNE IX.

LES PRÉCÉDENS, LE VICOMTE DE TREMBLOTIN, UN LAQUAIS.

*Un laquais.* M. le vicomte de Tremblotin, pair de France.

*Le baron* (*à l'assemblée*). C'est un pair de France que nous espérons ramener..... Monsieur le vicomte, enfin, vous êtes des nôtres!

*Le vicomte.* Il faut suivre le temps qui court, monsieur le baron!

*Le baron.* Il faut marcher avec son siècle ; il n'y a pas à dire !

*Le vicomte.* C'est ce que j'ai pensé depuis long-temps.

*Le baron.* Mais, enfin, nous voilà d'accord, à bien peu de chose près.

*Le vicomte.* On ne s'entendait pas.

*Le baron.* C'est vrai.

*Le vicomte.* On se mangeait le blanc des yeux, sans savoir pourquoi, la plupart du temps.

*Le baron.* Cependant vous avez émigré, si je ne me trompe ?

*Le vicomte.* On ne m'y rattrapera plus, je vous le proteste ; mais avait-on alors sa tête sur ses épaules ?

*Le baron.* Effectivement, l'époque n'était pas sans inconvénient. J'ai failli moi-même d'être suspect.

*Le vicomte.* D'où cela venait-il ? je vous le demande..... On ne s'entendait pas.

*Le baron.* Il y avait de la confusion ; il faut en convenir.

*Le vicomte.* Et que voulait-on ?... Ce que nous avons.

*Le baron.* Et pas autre chose.

*Le vicomte.* Mais on ne s'entendait pas.

*Le baron.* Enfin, il n'y a plus de préjugés, monsieur le vicomte!

*Le vicomte.* Des préjugés! on en est, ma foi, bien revenu, des préjugés!...

*Le baron.* Cependant, sous l'ancien ministère, je vous ai vu pencher de son bord, s'il m'en souvient?

*Le vicomte.* Ecoutez : c'est à l'ancien ministère que je dois mes indemnités, qui m'ont remis en état, avec une trop modique dotation, de soutenir ma dignité de pair de France... Je ne pouvais, en conscience, attaquer ouvertement des hommes en place qui me faisaient du bien.... Mais j'ai dit librement mon opinion sur le trois pour cent; et le ministère à bas, je ne vois pas pourquoi la reconnaissance m'entraînerait plus loin, et j'en dis aujourd'hui ma façon de penser avec toute la liberté d'esprit qui convient à l'homme indépendant et ami des institutions de son pays.

*Le baron.* Ah! monsieur le vicomte, il serait bien à souhaiter que dans votre classe il y eût beaucoup d'hommes sages comme vous!

*Le vicomte.* Tranquillisez-vous! nous sommes nombreux!

## SCENE X.

LES PRÉCÉDENS, LA BARONNE, CÉCILE, LE DUC D'EMBROUILLAMINI.

*La baronne.* Pardon, messieurs; vous m'attendiez? Mais je vous apporte une nouvelle heureuse; et vous m'en féliciterez, sans doute! Ma fille épouse M. le duc d'Embrouillamini. (*Grande sensation.*)

*Le duc d'Embrouillamini.* Mon bonheur est parfait! (*Cécile fait une révérence niaise à tout le monde.*)

*La baronne.* C'est, vous le penserez sans doute, messieurs, une union qui réunit toutes les conditions sociales, et politiques à la fois, que les amis des principes modernes peuvent désirer; et j'étais assurée d'avance de votre adhésion au bonheur de ma fille.

*Rébeccot.* Madame la baronne, sans doute l'alliance de la fortune et des titres, lorsqu'on sait en jouir avec modération et dans la vue du bien-être de l'humanité comme de l'égalité sociale, ne peut être considérée que comme un avantage éminemment politique, que le parti libéral sans doute appréciera à sa juste valeur.

*Débaptisé.* Et, madame la baronne, j'oserai me joindre à mon honorable confrère et éloquent ami M. Rébeccot, pour me féliciter, au nom d'un parti mixte auquel je crois appartenir, si même je ne suis pas l'âme de cette heureuse fusion de titres nouveaux ou antiques, de cette opulence ancienne et moderne, de ces sommités de toute nature qui vont se fondre dans un amalgame commun des différentes supériorités humaines.

*La baronne.* J'étais bien sûre, messieurs, d'avoir votre assentiment.

*Le vicomte de Tremblotin.* Cette union fera surtout plaisir à la Chambre des pairs.

*Le prince Carbonarino.* Elle ravira toute l'Italie.

*Dupinceau.* Il se fera cent dix-sept banquets patriotiques au moins en cette occasion; j'en suis mathématiquement sûr!

*Saitout.* Eh bien! mon oncle le mousquetaire gris appelerait cela très-probablement une mésalliance.

*La baronne.* Cet accord de vos sentimens, messieurs, est tel, qu'il me prouve que l'esprit public ratifiera cette union comme essentiellement intéressante à la marche de nos idées.

*Le duc d'Embrouillamini.* L'Europe, l'Europe

présente s'en réjouira, j'aime à me le persuader.

*Le baron.* Je pense qu'une nouvelle de cette nature ne fera pas baisser la rente!

*Vieugredin.* Il y aurait une fortune à faire!

*La baronne.* Je serais heureuse que ma maison devînt un centre de réunion de toutes les perfections sociales. Je m'efforcerai toujours, et la circonstance est de nature à me le faire espérer, de rendre utile autant qu'agréable aux amis des libertés publiques, ce que ma position sociale me permet de leur offrir d'agrément, et qu'ils voudront bien me considérer comme un point central de toutes leurs espérances à venir. (*Grand témoignage de reconnaissance dans l'assemblée.*)

## SCÈNE II.

LES PRÉCÉDENS, PHILIS LA TREILLE.

*Un laquais.* Monsieur Philis la Treille.

*La Treille* (*avec émotion*). Pardon, j'arrive tard...; excusez, madame la baronne...; on n'est pas toujours maître de ses émotions!

*La baronne.* Qu'avez-vous, monsieur?

*La Treille.* On ne peut pas toujours maîtriser

l'extrême sensibilité dont on est doué de la nature!... Je passais, pensif, le cœur plein des plus douloureuses émotions, par un de ces passages mystérieux de la rue Vivienne, pour avoir l'honneur de dîner chez vous, lorsque j'aperçus le simulacre d'un tombeau!... Il était simple, c'était celui d'un guerrier; des armes simples surmontaient la pierre sépulcrale; ce n'étaient ni casques ni cimeterres, c'était un chapeau à trois cornes, placé sans recherche sur une épée d'ordonnance; c'était moderne.... Vous ne sauriez croire combien j'ai trouvé de douleur dans ce chapeau à trois cornes, placé si simplement, hélas, si naturellement sur un monument funèbre de trois pouces de proportion.... Une gloire si gigantesque dans un atôme de tombeau!... On ne sait véritablement pas où l'on en est de son admiration ou de son désespoir. Oh! si mes pinceaux funèbres pouvaient se rembrunir des couleurs sombres de l'Epopée, petit morceau de bronze je t'érigerais en un immortel souvenir!

*La baronne.* L'avenir de nos libertés peut seul nous consoler de l'anéantissement d'une gloire immortelle. (*Adhésion avec sensibilité de la part des convives.*) Eh bien, en attendant M. Bavardin, qui n'arrive point, parlons un peu politique. Quelle nouvelle? Forme-t-on enfin un ministère un peu tolérable, et qui réponde, sous quelques rapports, aux exigences du siècle?

*Rébeccot.* L'esprit public a beau se prononcer, le funeste système se poursuit.

*Débaptisé.* On redoute les hommes véritablement distingués au ministère, ils offusquent trop de médiocrités.

*Rébeccot.* On les éloigne; on les éconduit.

*Débaptisé.* On recherche les qualités ministérielles exclusivement dans la sommité des deux chambres.

*Rébeccot.* Et où sont-elles en effet?... Notre modestie nous arrête.

*Saitout.* Le vice radical, messieurs, est dans la Charte; il faut le dire sans détour; elle prive l'État d'énergie, de toute capacité politique supérieure. Que voulez-vous que devienne la nation française entre les mains d'hommes surannés qui n'arrivent que par la décrépitude au maniement des affaires publiques? L'élection à quarante ans est le tombeau de toute transcendance nationale.

*Le vicomte de Tremblotin,* J'émettrai, messieurs, une opinion mixte : je suis pour la fusion en général; je voudrais du jeune et du vieux; je voudrais de la prudence et de l'action, de la justice et de la tolérance, de l'oubli, mais cependant de la reconnaissance ; et je pense qu'avec ce système inoffensif on pourrait se former un avenir supportable.

*Dupinceau.* Oh, tant qu'on n'aura que des notions incertaines sur les ressources d'un État, comment ne ferait-on pas des fautes d'administration ?... C'est la science précise, c'est le savoir mathématique qui manquent à nos prétendus hommes d'Etat, et tant qu'un ministère ne saura pas réduire en équation les qualités morales du peuple qu'il a l'honorable mission de guider dans la civilisation perfectionnée, comment, je le demande, se pourrait-il qu'il résultât quelque chose d'utile de son administration ?

*Philis la Treille.* Tant que nous ne serons pas sous une influence mélancolique, qui stimule les âmes vulgaires, qui malheureusement forment la masse des êtres civilisés, même parmi nos éligibles ; tant qu'on ne mettra pas d'harmonie dans les imaginations, du pathétique dans l'administration, et quelque poésie dans les plans de finances et la perception de l'impôt, on ne pourra marcher avec les besoins intellectuels de la génération présente, qui veut de l'idéal partout.

*Le baron.* Tout cela, messieurs, me paraît fort embarrassant.

*Le prince Carbonarino.* Il est en France troup d'hoummes de zénie; on ne sait que soisir.

*La baronne.* Vous êtes bien bon pour la nation française.

*Le prince Carbonarino.* Sans flatterie.

## SCÈNE XII.

LES PRÉCÉDENS, LE COMTE ÉDOUARD DE MORDANT.

*La baronne.* Ah! voilà M. de Mordant.

*De Mordant.* Eh bien, quoi?.... qu'est-ce?.... pas à table! Comment, j'arrive trop tôt une fois en ma vie!

*La baronne.* Nous attendons M. Bavardin.

*De Mordant.* Bavardin, des Bouches-de-l'Aveyron, dîne chez vous, et il se fait attendre!.... Il est à la tribune, il faut qu'il y soit cramponné.

*Le baron.* Oui, car en général il a bon appétit.

*La baronne (à De Mordant).* En attendant M. Bavardin, nous faisions de la politique; nous cherchions à composer un ministère supportable, et nous étions d'avis différens.

*De Mordant.* Cela vous embarrasse?

*La baronne.* Sans doute; mais d'abord, quelle est la nouvelle du jour? Le ministère s'en va-t-il définitivement?

*De Mordant.* Il est tombé; mais ce n'est plus là une nouvelle.

*Le baron.* Tout-à-fait tombé?

*De Mordant.* A plat! Il n'a plus qu'à déménager.

*La baronne.* Nous en étions tout-à-l'heure à sa recomposition d'une manière possible et tolérable, et la chose n'est pas sans difficulté, je vous assure.

*Le baron.* Nous étions d'avis différens, quoique d'accord d'opinions.... et chacun veut son ministère!

*De Mordant.* C'est la chose la plus simple.

*La baronne.* Voyons cela.

*De Mordant.* Car, que veut tout le monde? Tout le monde ne peut pas être ministre; mais chacun peut espérer sa part au ministère, un ministère dans sa coterie, sa part d'influence dans les affaires publiques, et sa petite portion de la considération qui dérive de ses accointances ministérielles..... Et pour satisfaire un peu tout le monde, la masse des petites ambitions, on pourrait changer de ministère presque à chaque tirage de la loterie royale de France, et tout le monde de cette façon pourrait avoir, sinon sa part d'influence, au moins sa part d'espérance de quelque crédit prochain.

*Le baron.* Et comment feriez-vous ce ministère?

*De Mordant.* Tout simplement.... je mettrais tous les pairs et les députés dans un sac..... je ferais tirer publiquement et loyalement quatre-vint-dix noms que je numéroterais, et les numéros sortans à la loterie royale de France désigneraient les ministres que ce que l'on appelle la Providence chargerait des destinées de l'Etat.

*Rébeccot.* La plaisanterie est bonne; mais les principes pourraient se trouver compromis.

*Débaptisé.* Et les hommes essentiels à l'éclat du pays pourraient être arrachés au timon des affaires!

*Rébeccot.* Encore si l'on plaçait dans l'urne quelques sommités littéraires.

*Débaptisé.* Ce serait plus convenable.

*Dupinceau.* J'aurai, s'il vous plaît, une observation mathématique à présenter au préopinant, qui, je crois, réduira son système à sa plus juste appréciation.... Il sort cinq numéros de la roue de fortune; il nous faut sept ministres pour sept ministères : donc il existe une omission dans le corollaire du préopinant.

*De Mordant.* Non, monsieur le mathématicien industriel, parce que nous avons deux ministres tout trouvés.

*Dupinceau.* Lesquels?

*De Mordant.* D'abord le ministre des finances; et je ne pense pas que les convives du baron de Soussussous soient dans l'intention de nier que lui seul est apte à remplir cette haute fonction, et que l'esprit public le désigne d'une voix unanime pour être incéssamment ministre de nos finances! (*Adhésion avec effervescence.*)

*Débaptisé.* Et le septième ministre, comment nous le trouverez-vous?

*De Mordant.* Facilement! d'abord, je vous dirai que j'aime personnellement la personne du roi, et que, s'il n'était pas roi légitime, je m'en accommoderais fort!

*Le prince Carbonarino.* Et la répoublique romaine donc!

*Les convives, en masse.* Chut!..... chut!..... chut!..

*Rébeccot* (*bas et mystérieusement à Carbonarino stupéfait*). Il n'est pas temps encore!.. On vous expliquera cela!

*De Mordant.* Je pense qu'il est honnête et politique de faire quelque chose pour la monarchie du jour, en laissant au roi (de fait) la nomination d'un septième ministre!.... Ce serait lui faire une politesse, le mettre dans son tort s'il se regimbait, et prouver aux incrédules que l'on est bien scrupuleusement dans le système de la Charte; car, comme on ne peut pas se passer d'un roi dans le moment actuel, il serait bien fait, dis-je, de prouver par cette concession, à notre ami le public, que l'on est bien sincèrement dans le système de la Charte, soit disant constitutionnelle!

*La baronne.* Et M. Bavardin, que ferez-vous de lui sans un ministère?... Il lui faut absolument un ministère!

*Vieugredin.* On ne le fera pas taire sans cela!

*De Mordant.* Je conviens qu'il est embarrassant....

*Débaptisé.* On fera des plans tant qu'on voudra!... Il est impossible d'admettre un ministère sans lui.

*Rébeccot.* Il a la voix si puissante!

*Vieugredin.* Les poumons si généreux.

*Débaptisé.* C'est un homme à ménager dans un gouvernement représentatif.

*Rébeccot.* Son opposition serait bruyante!

*Le baron.* Mais que faire à cela?

*La baronne.* Dans le fait, il est impossible d'admettre un ministère sans lui.

*Dupinceau.* Il est à peine arithméticien!

*Philis la Treille.* Il a de cette chaleur poétique qui sied aux hommes d'État.

*Dupinceau.* Il n'a rien d'arrêté; pas un calcul dans la tête!

*Philis la Treille.* Pourquoi ne ferait-on pas les affaires par enthousiasme?

*Le baron* A vrai dire, entre nous, notre ami Baverdin n'est bon à rien!

*Rébeccot.* Il est propre à tout brouiller!

*Débaptisé* (*avec humeur*). Soit!... mais il est inévitable!

*Vieugredin.* Il est comme un de ces chevaux indomptables sous le cavalier, et qui sont des agneaux à la voiture!

*Débaptisé.* M. Bavardin peut ne pas être l'homme utile; mais il est l'homme indispensable!

*De Mordant.* C'est juste, et voici comment on pourrait ajuster la chose!... Bavardin était ultrà-royaliste il y a trois ans!... donc il peut l'être encore; et si l'on indiquait au ministère sortant, qui ne demandera pas mieux que d'embrouiller les affaires, que Bavardin serait agréable aux libéraux, même en devenant royaliste pour un instant, il se pourrait que Bavardin fût nommé comme seul appui de la monarchie dans le ministère, ce qui réunirait, je pense, à peu près, toutes les convenances du moment!

*Rébeccot.* Eh!... cela n'est pas mal imaginé.

*Débaptisé.* Les choses alors pourraient s'améliorer!

*Rébeccot.* La plaisanterie du moins est excellente, et sera le motif d'un feuilleton; mais ce n'est pas là de la politique!

*De Mordant.* Et je soutiens, moi, messieurs, que ce ministère là marchera comme tous les autres ont marché depuis quarante ans!.. et pourvu qu'on n'attaque pas la rente et les rentiers, pourvu que l'on marche pas à pas vers la destruction douce et sans fracas de la monarchie constitutionnelle ou non, mais surtout de la légitimité, ce ministère ou ces ministères, car je ne tiens pas à un seul et même ministère, fera ou feraient aussi bien que ce qui les a précédés depuis plus d'un siècle!... Ainsi donc....

## SCENE V.

LES PRÉCÉDENS, BAVARDIN.

*Un laquais.* M. de Bavardin, député des Bouches-de-l'Aveyron.

*Bavardin.* M$^{me}$ la baronne et M. le baron voudront bien me pardonner si j'arrive tard; un député ne dispose pas de sa personne; il a de grands devoirs à remplir!.. Aujourd'hui, nous avons eu une séance remarquable, je dirais même sublime, si ma modestie ne me forçait pas à me taire là-dessus. J'ai parlé pendant deux heures et demie, sans un moment d'hésitation, avec un sécurité de logique, avec une affluence de mots heureux, une puissance d'organe qui, véritablement, ont confondu, stupéfait le côté droit!.. Je le dis sans prétentions.... J'ai naturellement, je l'avoue, de la facilité, mais je ne disconviens pas que je ne m'étais jamais trouvé plus en verve, et plus maître de mon élocution; un mot n'attendait pas l'autre, et ils étaient heureux en général!... L'assemblée était stupéfaite; j'étais foudroyant d'organe et de raisonnement; c'était une mitraille!.. C'est en vain que la clique ministérielle crie : à la question! à bas l'orateur! à l'ordre! à l'ordre!.. C'est en vain que la sonnette du président cherche à comprimer l'énergique développement de mon verbe supérieur, ma voix dominant toutes les résistances de la malveillance, s'oppose à toutes les entraves d'invention ministérielle, et surmonte toutes les résistances qui gênaient son développement.

*Le baron.* Et quel était l'objet en question?...

*Bavardin*. Peu de chose!.. Je saisissais ce que nous appelons une occasion!... Je reste donc maître du champ de bataille et de la tribune; et de là, pendant cinq quarts d'heure, après trois quarts d'heure de résistance et de victoire, j'attaque tout : les ministres, les jésuites, le conseil d'État et la congrégation, les élections, préfets, sous-préfets; j'en mets quarante hors de combat, et je voue à l'exécration publique tout ce qui n'est pas de mes amis; car on a des faiblesses de cœur. Enfin, j'arrive glorieusement à cinq heures et demie, lorsque, hélas! j'aperçois les rangs se dégarnir; mon énergie redouble; l'heure fatale arrive!... J'avais captivé les oreilles; mais je ne pus dominer les estomacs, et si j'ai subjugué les esprits, j'échoue contre l'heure du restaurant!... J'insiste, je supplie, j'intercède, je menace!... Vains efforts d'éloquence contre des estomacs désespérés!... La foule s'écoule sans attendre ma péroraison. Je ne perds pas la carte, je demeure à mon poste, et j'étonne les huissiers... Le président s'esquive, je ne me rebute pas. Enfin, les quinquets s'éteignent, et privé de clarté, dans le siècle des lumières, je renais à la société, et me rappelant un peu tard que j'avais l'honneur de dîner chez M. le baron et M^me^ la baronne de Soussussous, je descends quatre à quatre les escaliers de la tribune; mais pas assez vite pour ne pas avoir quelques excuses à leur demander.

*Un maître d'hôtel.* M$^{me}$ la baronne est servie!

*Bavardin* (*à la baronne*). Oserais-je vous donner le bras?... Au second service, je vous dirai ma péroraison. Ils n'ont pas voulu m'entendre; c'est ce que j'avais de plus fort.... Je serais charmé qu'elle obtînt votre suffrage..; et je me flatte qu'elle vous fera plaisir.

*Rébeccot* (*à Débaptisé*). Ces gens-là qui se croyent quelque chose...

*Débaptisé.* Cela fait pitié!

# ACTE IX.

## SCENE PREMIERE.

(Toute la société rentre au salon au sortir de table, et bientôt après elle se classe en groupes, et l'on gesticule dans toutes les parties du salon).

LA BARONNE, LE BARON, CÉCILE, LE DUC D'EMBROUILLAMINI, LE COMTE ÉDOUARD DE MORDANT, VIEUGREDIN, DÉBAPTISÉ, RÉBECCOT, LE PRINCE CARBONARINO, DUPINCEAU, PHILIS LA TREILLE, SAITOUT, LE BARON DOMINGO, LE VICOMTE DE TREMBLOTIN, BAVARDIN.

*Bavardin* (*à la baronne, en continuant une conversation*). C'est ainsi, madame, que je terminais ma péroraison, et vous devez penser quel effet décisif elle aurait produit dans la chambre, dans les journaux, que dis-je! dans toute la France! Mais, et je n'en accuse certainement pas le patriotisme, mais seulement la faiblesse d'estomac de mes honorables collègues; l'inexorable pendule avait déterminé la crise!.... L'heure fatale était arrivée, et ne m'a pas laissé l'espoir de frapper le dernier coup, de foudroyer, irrésistiblement et irrévocablement et en masse, tous les objets de mon animadversion ou de mes anathèmes; de sorte que c'est partie remise!..... Mais la contenance de mes adversaires était pitoyable!..... Ils avaient beau tousser, cracher, sourire même pour déguiser l'état de leur âme, la douleur, la douleur profonde gonflait leurs cœurs, oppressait leurs poitrines agitées, et se manifestait dans la contenance incertaine de mes antagonistes!..... C'était, pour un élu de petit collége, un spectacle réellement tout à fait aimable et divertissant!.... Mais, ô ciel! l'heure m'appelle!.... Pardon si je m'esquive si promptement!.... Mais vous savez, madame la baronne, quand on est député, combien de devoirs nous avons à remplir! non seulement des services publics nous sont imposés, mais encore les intérêts d'une clientelle intéressante absorbent tout ce qui peut nous rester de loisir!....... Ce qui me console du moins dans ma série d'occupations, c'est de penser, j'ose le dire sans vanité, qu'il n'est pas un député local plus essentiellement heureux dans les démarches qu'il doit consciencieusement à ses commettans!..... Et c'est extrêmement délicat dans ma position de défectueux du ministère (*il sourit*)...... Car quand on attaque un ministère, que peut-on en obtenir?.. Eh bien! je ne me rebute pas!.... Je frappe à toutes les portes!.... j'atteins les commis, si je ne puis m'emparer du ministre, et je réussis souvent mieux que les amis dévoués de Leurs Excellences. Mais, j'en conviens, il faut être réellement doué d'une énergie tout à fait extraordinaire pour résister à la fatigue qu'entraîne la stricte exécution de tous mes devoirs législatifs!..... Je vous quitte!..... Mais jugez combien j'ai de regrets de me priver si tôt de votre aimable société! (*Il va pour sortir*).

*La baronne*. Et le café, monsieur Bavardin?

*Bavardin*. Non, c'est un sacrifice de plus que je fais à mes devoirs législatifs!...... Je fuis avec désespoir. (*Il sort.*)

## SCÈNE II.

LES PRÉCÉDENS.

*De Mordant.* Quel bavard impitoyable!

*Rébeccot.* Quel être superflu!

*Débaptisé.* Le cœur est bon.

*La baronne.* Je n'en puis plus, je suis morte d'éloquence. Véritablement, messieurs, il faudrait trouver le moyen de débarrasser la patrie de ce législateur surabondant.

*Rébeccot.* Et c'est là le ministre indispensable!

*Débaptisé.* Ses intentions sont si pures!

*Dupinceau.* Le Vocabulaire de cet orateur est véritablement incalculable.

*Philis la Treille.* L'homme est tout à fait mélodramatique, et ne serait pas mal placé dans un ministère moderne, à ce qu'il me semble.

*Le baron (au baron Domingo).* Et vous, monsieur le baron, que pensez-vous de M. Bavardin?

*Domingo.* Beaucoup parler!...... pas millions!

*Le baron (à Carbonarino).* Et vous, mon prince, qu'en dites-vous?

*Le prince Carbonarino.* Ze ne sais; mais sour

ce point, pour l'éloquence, zaime les Cicérons!

*Dupinceau.* C'est bel et bon, mon prince; mais les phrases ne sont pas de l'arithmétique!

*Tremblotin.* On pourrait à peu près arranger les choses en donnant à notre ami M. Bavardin, quelque emploi lucratif, prépondérant, inamovible, et peut-être par là-dessus, même une pension politique sur notre budget particulier de la Chambre des pairs, qui serait charmée de faire quelque chose pour le bien général, assurément!

*Le baron.* Ne serait-ce pas ce qui s'appelle un abus financier?

*De Mordant.* Ne pourrait-on pas tout simplement l'absorber (1) à la Chambre des pairs?

*Débaptisé.* Ce ne serait pas *ultrà* légal, mais du machiavélisme ministériel tout pur!

*Vieugredin.* Ecoutez donc, messieurs, dans un gouvernement représentatif, la force des poumons n'est pas à dédaigner.

*Saitout.* Oui, mais ce sont de vieux poumons, de vieux poumons sans cervelle!... Il faut que cela fasse place aux autres!

*Rébeccot.* Et c'est-là le ministre indispensable?

(1) *Absorber*, mot de l'Empire, qui signifiait que les sénateurs de cette époque étaient élevés à la plus complète nullité.

*De Mordant.* N'avais-je pas raison?... Ne vaudrait-il pas mieux tirer nos ministres à la courte paille que de les choisir?.....

*Tremblotin.* Dans le fait, ce serait peut-être le seul moyen d'éviter paisiblement le cher Bavardin.

(La société se divise peu à peu. On prend le café, et divers groupes de causeurs se forment dans le salon.)

*De Mordant* (*bas à Vieugredin, et s'avançant sur la scène*). Cécile a pris son parti, j'en étais sûr!

*Vieugredin.* Je ne sais qu'en penser!.... Cette petite à l'air de jouer la comédie.

*De Mordant.* Eh! mon Dieu! elle est comme les autres! Elle veut se marier, et baisse les yeux en attendant l'émancipation!

*Vieugredin.* Nous ne répondons de rien!

*De Mordant.* Nous ne sommes pas une compagnie d'assurance!

*Vieugredin.* C'est une idée!... dans le siècle des spéculations!

*De Mordant.* C'est aussi le siècle de la philosophie!..... Le duc prendra son parti gaillardement!... L'essentiel est la dot.

*Vieugredin.* Cela le consolera des tribulations conjugales!

*La baronne* (*à de Mordant, qui se dispose à sortir*). Vous partez déjà?

*De Mordant.* Indispensablement!... Je vais au ministère des finances!... J'ai besoin de cela pour les bureaux!... On ne fait rien d'eux sans cela! D'ailleurs, le ministre est de mes amis, et je vais lui conseiller de faire ses paquets le plus tôt possible, s'il ne veut pas se ridiculiser à la face de l'univers! (*Il sort.*)

*Le baron* (*à Vieugredin*). Et vous aussi!..... vous nous quittez?... Où donc allez vous?

*Vieugredin.* Au spectacle!

*Le baron.* Il est trop tard!...

*Vieugredin.* Non, c'est une vieille pièce de ma connaissance qu'on prétend rajeunir, et dont je vais applaudir le dénouement moderne, quand même!... C'est d'un ami!... et entre littérateurs du temps présent, on ne se refuse pas ces petites marques d'amitié, de ces coups d'épaule de convenance, qui ne font rien au mérite de l'ouvrage, et qu'on se donne *gratis*, et par déférence mutuelle! (*Il sort.*)

*Le baron* (*à Débaptisé*). Il a bon cœur!

*Débaptisé* (*au baron*). Vous pouvez vous vanter d'avoir un ami par excellence!

*Le baron.* Vieugredin a de l'esprit, mais surtout de la franchise, il faut en convenir!

*Rébeccot.* On ne se donne pas des amis comme celui-là pour de l'argent!

*Le baron.* Il est tout cœur!... Comment, messieurs, vous nous quittez aussi!

*Rébeccot.* Il le faut bien, hélas!

*Débaptisé.* Un journaliste est-il à lui-même?... Sans nous, que deviendraient la malheureuse France et la malheureuse humanité, je vous le demande, mon cher baron?

*Le baron.* Allez, messieurs, partez, puisque c'est pour le bien public! (*Rébeccot et Débaptisé sortent, le baron reconduit ses convives avec des salutations respectueuses, suivant leur importance libérale.*)

## SCÈNE III.

LES PRÉCÉDENS.

*La baronne.* Monsieur le duc, franchement, comment trouvez-vous ma fille?...

*Le duc d'Embrouillamini.* Elle est d'une modestie qui m'enthousiasme!

*La baronne.* C'est la vertu qui convient à son âge?... Cécile! allez étudier votre piano!...

*Cécile* (*qui, depuis le dîner, fait des révérences niaises au duc qui lui fait des phrases, et qui la regardait de temps en temps avec son lorgnon*). Maman, il n'est pas encore neuf heures!

*Le duc d'Embrouillamini* (*prenant pour lui l'observation de Cécile, s'écrie avec sensibilité.*) Oh! que c'est aimable!...

(*Cécile sort.*)

## SCÈNE IV.

### LES PRÉCÉDENS.

*La baronne* (*au duc*). Je crois que vous serez heureux.

*Le duc d'Embrouillamini.* Quelle chose précieuse que l'innocence et l'éducation!...

*La baronne.* Véritablement je crois que nous nous améliorons!

*Le duc.* Dites que vous nous améliorez!

*La baronne.* Non, mais je pense que tout le monde, toutes les mères n'ont pas senti le caractère, les dispositions intellectuelles de leurs enfans!... On donne en général de ces éducations vulgaires, routinières absolument!... mais sans entrer dans le caractère et l'intelligence de l'individu!

*Le duc.* Sans doute, et toutes les félicités terrestres vont se réunir pour ma félicité!...

*Le prince Carbonarino* (*au duc*). Mais mon douc, et le grand Orient!...

*Le baron.* Et le comité directeur?...

*Le duc d'Embrouillamini.* Tout peut s'arranger, messieurs... Je pourrai commencer par la rue des Petits-Champs, pour finir ma soirée par la rue Grange-Batelière !

*Le baron.* Le patriotisme sait tout allier!

*Le prince Carbonarino.* Ne perdons pas oun instant pour ramener les nations à demi-civilisées de l'Europe, sous les aigles popoulaires de la répoublique romaine! (*Il sort avec le duc*).

*Le baron* (*au duc*). Il est vif!...

*Le vicomte de Tremblotin.* Ainsi, cher baron, je vous quitte avec l'intime conviction, et même l'espérance que tout s'arrangera, et que les choses ne sont pas désespérées. (*Il sort.*)

*Le baron* (*sortant avec le baron Domingo.*) Il voit tout en couleur de rose!...

*Le baron Domingo* (*montrant Tremblotin avec mépris.*) Pas gentilhomme!...

## SCÈNE V.

LES PRÉCÉDENS.

*Philis la Treille.* Oh! M^me^ la baronne, que l'on quitte à regret et péniblement votre aimable société!... Bien que notre honorable représentant, M. Bavardin, ait fait presqu'à lui tout seul tous les frais d'esprit pendant le dîner, cependant que vous dirai-je?... Que n'ai-je pas éprouvé de bien-être, je dirai même de satisfaction, dans une maison splendide, et où la magnificence et le bon goût exquis des lumières et de l'intelligence se disputent pied à pied toutes nos sensations!... Ce n'est pas l'esprit seulement, mais le goût!... Ce n'est pas seulement le goût, mais ce je ne sais quoi de complet en intelligence, en fortune et en sociabilité qui forme un tout compact d'illusions et de bien-être, qu'on chercherait en vain dans nul autre salon des nations civilisées!...

*La baronne*. Vous me traitez trop poétiquement!

*Philis la Treille*. Hélas! l'Athénée m'appelle!.. Il faut absolument partir, m'éloigner de cet asile enchanteur!.. Je lis ce soir une idylle philosophique ravissante, et il ne faut pas se faire regretter d'un public plein d'égard et qui compte sur moi! (*Il sort.*)

*La baronne*. Au revoir, monsieur.

*Dupinceau*. Je mène, madame la baronne, une vie assommante! Je ne puis rester où je serais heureux!.. A peine me laisse-t-on le temps de mes repas! Des occupations impérieuses m'arrachent à mes amis, à toute espèce d'affections!.. Encore dans ce moment, et pour le reste de la soirée, j'ai trois comités, de perfectionnement, de statistique et de sondage, et véritablement il faut être armé d'un corps de fer et d'une âme de bronze, pour résister à la vie bouleversée que je mène. . . . . . . .

*La baronne.* Il faut espérer que la science et la philosophie ne vous éloigneront pas toujours de la société, qui vous réclame!

*Dupinceau.* Hélas, madame, je ne suis plus un jeune homme, et mes travaux s'accroissent!.. Quand une fois on a marqué dans la sphère de la science et de l'industrie, c'est un gouffre de renseignemens et de réclamations dont on est forcément victime!... Mais il faut céder à sa destinée! (*Il sort.*)

*La baronne.* Pour le bien-être du genre humain.

## SCENE VI.

LA BARONNE, SAITOUT.

*Saitout.* Madame, c'est un homme harrassé, déjà de l'ancienne école; école du travail et non de l'inspiration!... Cela se donne du mal, et cela ne fait rien!... Cela ne fera jamais rien, tant que l'étincelle du siècle, cette électricité primordiale du siècle n'atteindra pas ce déplorable travailleur!.. Vous le verrez encore couler à fond avec ses chaloupes canonnières, qui, mathématiquement, n'ont jamais dû couler bas, parce qu'il est persuadé que un et un font toujours deux, ce qui n'est pas toujours vrai, bien certainement!

*La baronne* (*avec distraction.*) Vous partez aussi?

*Saitout.* Je vais à notre réunion oratoire!.. Je la préside!.. Il faut être à son poste!.. Tous jeunes gens, tous du siècle, peu mathématiciens, et du tout scolastiques, et qui cherchons, qui trouvons en nous-mêmes, par une sorte de somnambulisme éveillé, ce qu'on s'efforce en vain depuis le commencement du monde d'acquérir, par le travail et par une étude engourdissante... Adieu, madame, il faut céder à ses engagemens. C'est sacré entre camarades! et je vais présider mes jeunes contemporains!....

## SCÈNE VIII.

LA BARONNE (*seule dans une profonde rêverie*).

Quel être extraordinaire qu'Edouard!.. Quel esprit transcendant!.. Et quelle différence de mon époux à lui !.. Quelle conception, quel mouvement dans la pensée, quelle profondeur dans l'ironie, avec une expression si facile, et tant d'enjouement avec dignité !.. Ah ! il faut en convenir ! ce ne sont que les gens comme il faut qui possèdent ces nuances d'une spiritualité sans recherche, qui fait le charme de la bonne société !.. Mais, bannissons ces rêveries qui ne portent au cœur que des chagrins sans espérances !.. Car !.. il faut en convenir, c'est un être froid, léger de sentimens, capricieux, qui ne peut apprécier les émotions profondes d'un être véritablement sensible !.. Attachée par le sort !.. enchaînée par ses caprices !.. Ces deux êtres sont faits pour le désespoir de ma vie !.. Mais pensons, s'il se peut, à ma fille.

## SCÈNE IX.

LA BARONNE, L'AGITÉ.

*Un laquais*. Monsieur l'Agité !

*L'Agité*. Madame, permettez que je vienne déposer mon royalisme extrême, j'oserais même dire exagéré, au sein d'une amitié que j'ai peut-être méconnue, mais que j'aimais à respecter au milieu d'une divergence d'opinions qui semblait devoir être éternelle autant qu'implacable. Eh bien, madame, eh bien, j'ouvre les yeux! Je reviens non absolument à vos sentimens, mais à vos idées!.. Je serai toujours royaliste : pardonnez-moi cet aveu d'un cœur généralement passionné!.. Mais ce n'est, je puis le dire avec franchise, que comme la cause de toutes les libertés, de toutes les indépendances, que je me suis montré le défenseur exalté d'un trône transmissible!.. Oui.. madame.. j'adopte franchement, et je crois pour toute ma vie, des idées que j'avais cru bouleversatrices, et qui, je le sens bien aujourd'hui, doivent faire la force de la monarchie par l'indépendance des idées, et surtout par la liberté la plus illimitée de la presse!

*La baronne.* Je suis heureuse de voir un esprit si loyal se rapprocher de notre système!.. Mais quel trouble vous agite?

*L'Agité.* Vous me voyez dans un état difficile à décrire, madame!... J'ai rencontré... j'en suis sûr... des jésuites!... Ils étaient trois... Je les ai reconnus à l'impression nerveuse qu'ils ont produite dans tout mon être, sur moi, sur toute ma personne et mon existence; et la chose est facile à croire, peut s'avouer, puisque les plus fiers soutiens de nos institutions, puisque les plus téméraires et ci-devant vainqueurs de l'Europe, tremblent devant leur renommée!... Nous nous sommes habitués à bien des espèces d'êtres depuis la révolution!.. Il n'y a que ces hommes monastiques là que je ne me sens pas la force de considérer de sang froid!... Oui!... oui, madame, parce que je ne les connais pas!... C'est là, précisément là, ce qui fait qu'ils me semblent si redoutables!...

*La baronne.* Mais vous avez été sans doute à même de les apprécier, et vous devez connaître quelques individus de cette congrégation anti-philosophique?

*L'Agité.* Non, madame; et c'est parce qu'on dit *les jésuites* indéfiniment, que je les crains comme le feu, plus que le feu!... car je crois bien qu'individuellement, ils ne me feraient pas cette impression fâcheuse... Mais l'incertitude, madame, est une perplexité cruelle!... Le sort des jésuites tient à ma destinée : il y va de mon repos, de mes espérances, si j'osais le dire; et emplois, honneurs, je dirai même émolumens, ne me seraient de rien, s'il restait un jésuite en France!... C'est plus fort que moi.

*La baronne.* Vous les avez terrassés!... Ils sont bannis!

*L'Agité.* Ah, madame!... ils s'établissent à la

frontière!... Et cette idée menaçante ramène vers vous un homme qu'un long abandon de sa part peut faire taxer de légèreté, d'ingratitude!.... Mais les temps sont tellement effrayans, qu'il faut que tous les êtres énergiques de toutes les opinions se réunissent contre l'ennemi commun, pour porter à ce minotaure de notre époque, de la Charte et de notre existence sociale, l'affreux sort que très-probablement il nous destine!...

*La baronne.* Je ne suis pas inquiète de l'existence de quelques vieux moines sans force et bannis du sol français : mais il est bien fait de propager l'effroi qu'ils causent aux amis de leur pays...; cela fait du bien... Au reste, je leur sais gré d'être la cause de votre retour à d'anciennes amitiés.

*L'Agité.* Que de force d'âme et d'indulgence!

## SCÈNE X.

LA BARONNE, L'AGITÉ, LE BARON DU LUGUBRE, UN LAQUAIS.

*Un laquais.* M. le baron du Lugubre!

*La baronne.* Est-ce bien vous, monsieur du Lugubre? Après un si long abandon!

*Du Lugubre.* Oui, madame; il est des époques, dans la politique, où les supériorités ont besoin de se rapprocher..., de se réunir.

*La baronne.* Oh! que vous dites vrai, monsieur du Lugubre!

*Du Lugubre.* Noble pensée!... Oui, madame, il est des époques où les nuances d'opinion doivent disparaître, où la politique des supériorités est de faire alliance, et de s'élever au-dessus de ces variations de sentimens et d'opinion qui ne sont dépréciées que par le vulgaire!... N'est-il pas vrai?

*La baronne.* C'est un beau jour, monsieur, celui qui vous voit rentrer dans le cercle des lumières, après avoir éclairé celui des ténèbres!

*Du Lugubre.* Je n'ai pas varié, madame, je n'ai même pas eu l'air de varier... J'ai prôné la tyrannie sous l'empire de la Charte; je le sais: mais c'est par esprit républicain!... C'est pour parvenir à l'autorité de plusieurs, bien plus despotique que la puissance du père et surtout de la mère!... Et vous avez pu vous convaincre de cette vérité, si vous avez lu mon chapitre de ma famille idolâtre, dans la dix-septième édition de mes œuvres, plus scrupuleusement revue et plus considérablement augmentée que jamais.

*La baronne.* Vos nobles pensées seront toujours accueillies, surtout quand vous les dirigerez vers le beau idéal du style et ces expressions tellement délicates et incertaines, qu'elles laissent l'imagination dans le doute le plus aérien et l'enthousiasme le plus incompréhensible.

*Du Lugubre.* Oh! madame, quel siècle! et que nos duchesses des temps passés étaient loin d'avoir cette vapeur d'intelligence, ce tact et cette force de pensée!

*La baronne* (*avec complaisance*). N'est-ce pas?

*Du Lugubre.* Elles n'ont jamais été que de vieilles coquettes..., pas autre chose.... (*Mystérieusement.*) Et j'ai pu les apprécier.....

*La baronne.* Convenez que nous avons fait du bien à notre époque.

*Du Lugubre.* Nous l'avons immortalisée...

*La baronne.* Vous, par vos écrits sublimes.

*Du Lugubre.* Vous, madame, par l'élévation de la pensée.

*La baronne.* Ah! monsieur le baron, une bonne maison ajoute bien au mérite qu'on peut avoir.

*Du Lugubre.* Il faut de la modestie, sans doute; mais elle doit avoir ses bornes.... Il faut absolument céder à sa renommée.

*La baronne.* Pardon, messieurs; vous me trouvez dans un état d'agitation et de trouble, que vous comprendrez sans donte.... Je marie ma fille.... Aimable enfant, en vérité; et les approches de ce jour, vous le sentez, occupent toutes mes sensations.... Elle épouse M. le duc d'Embrouillamini.

*Du Lugubre.* Je m'en félicite, pour les amis de l'intelligence humaine...

*La baronne.* Il est à la tête des idées dominantes!

*Du Lugubre.* Nous avons eu l'air de marcher sous des bannières divergentes...; mais nous nous sommes toujours appréciés...

*La baronne.* Vous concevez, messieurs, dans un moment pareil, combien l'esprit devient étranger à toutes relations sociales...

*Du Lugubre.* A qui le dites-vous? Je n'ai pas le bonheur d'être père...; mais si j'avais eu l'inappréciable avantage de goûter les charmes de la paternité, j'aurais peut-être écrit mon chapitre de l'adolescence avec plus de chaleur encore, quoique ce soit un de mes morceaux littéraires auxquels l'audacieuse critique a fait la plus large part de sublimité.

*La baronne.* Vous excuserez donc une mère dominée par le plus naturel des intérêts. (*Elle sort.*)

## SCENE XI.

L'AGITÉ, LE BARON DU LUGUBRE.

*Du Lugubre.* Elle a de la sensibilité.

*L'Agité.* Elle en a.

*Du Lugubre.* Je la croyais moins maternelle.

*L'Agité.* Je la croyais toute politique.

*Du Lugubre.* Mon ami, la nature n'abandonne jamais entièrement ses droits primitifs....

*L'Agité.* Toujours de la profondeur!....

*Du Lugubre.* Eh bien, mon cher l'Agité, nous y voilà dans cette maison dont nous prenions tant d'ombrage!....

*L'Agité.* Nous y sommes, monsieur le baron du Lugubre!

*Du Lugubre.* La force des choses s'exprimait ainsi, devait nous y conduire irrésistiblement!

*L'Agité.* Quand l'ingratitude est à l'ordre du jour!

*Du Lugubre.* Qu'est-ce alors que le dévouement?

*L'Agité.* Je vous le demande?

*Du Lugubre.* J'en ai du dévouement!.... je

l'ai prouvé; mais cela ne va pas jusqu'à la faiblesse!

*L'Agité.* Ni moi, bien certainement!.... Du dévouement, sans doute, mais non de la sottise.

*Du Lugubre.* Qu'on me fasse droit! je serai dévoué!

*L'Agité.* Si l'on était superstitieux, on dirait que le diable s'en mêle!

*Du Lugubre.* Ce qui me console, c'est que la France ne peut marcher sans moi!

*L'Agité.* J'ai toujours pensé qu'elle ne marchait pas sans nous!

*Du Lugubre.* Mais ne nous laissons pas abattre! persévérons, persistons dans le noble rôle que la nature nous a si noblement départi!....

*L'Agité.* Sans doute!

*Du Lugubre.* Soyons toujours éloquens et forts!

*L'Agité.* Ne cessez pas d'être sublime!

*Du Lugubre.* Et les sentimens généreux, et les intelligences supérieures triompheront des cœurs étroits et des médiocrités subalternes.

*L'Agité.* Vous seul pouvez gouverner l'Etat!

*Du Lugubre.* Vous seul pouvez faire dignement la police d'un grand Etat constitutionnel!

*L'Agité.* Et si l'on ne s'opposait avec ingratitude à notre fortune politique......

*Du Lugubre.* Si l'envie de la médiocrité ne

m'éloignait d'une position sociale où je ferais tant de bien.....

*L'Agité.* Comme tout irait!....

*Du Lugubre.* Ce que je voudrais, c'est que la monarchie fût au fond de la mer, afin d'avoir la gloire de l'en retirer saine et sauve, et toute constitutionnelle, par la seule force de mes écrits....

*L'Agité.* Ce serait sublime!

*Du Lugubre.* Mais puisque nous ne pouvons servir la royauté par les royalistes, par les sentimens monarchiques, soutenons-la par ses ennemis! cherchons-lui des amis dans la faction!...... Des êtres comme vous et moi devons être à la tête de quelque chose!.... n'importe de quoi!

*L'Agité.* Sans doute!.... Ne nous rebutons pas!

*Du Lugubre.* Ne cessons pas d'être supérieurs, et livrons-nous à l'avenir!....

## SCÈNE XII.

LES PRÉCÉDENS, LE VICOMTE DE NABAUCOURT.

*Un laquais.* Monsieur le vicomte de Nabaucourt.

*L'Agité.* Ah! voilà le vicomte.

*Nabaucourt.* Vous ici, messieurs?

*Du Lugubre.* La force des choses nous y ramène; les petits scrupules doivent se taire devant les intérêts généraux de la société.

*Nabaucourt.* Point de baronne?

*L'Agité.* Elle nous quitte à l'instant.

*Du Lugubre.* L'esprit intimement préoccupé du mariage d'une fille véritablement idolâtrée.

*Nabaucourt.* Avec le duc?.... C'est mémorable, en effet.

*L'Agité.* Mais pourquoi, je vous le demande en grâce, cet habit galonné chez la baronne de Soussussous?....

*Nabaucourt.* C'est tout simple. Je sors des Tuileries; il y avait cercle : de là j'allais au comité directeur; je passais près d'ici; je suis venu voir si, par mégarde, le baron ne serait pas chez sa femme, et pour aller ensemble au comité.

*L'Agité* (*avec surprise*). En habit de cour!!!

*Nabaucourt.* Sans doute.

*Du Lugubre.* Comment alliez-vous ces habitudes incohérentes?

*Nabaucourt.* C'est encore tout simple..... Pour être bien à la cour, il faut que la cour ait quelque chose à vous reprocher...... Cela sort de la foule.

*L'Agité.* Mais les libéraux, qu'en disent-ils?

*Nabaucourt.* Ils sont ravis! Vous ne sauriez croire combien mon habit bleu de ciel me fait accueillir et me met en évidence dans la rue Grange-Batelière. J'ai dit à mes nouveaux amis: « Messieurs! (*en attendant qu'on s'appelle citoyens*) vous êtes supris, étonnés de mon habit de cour dans vos rangs; mais vous seriez bien plus surpris encore si vous entendiez tout ce qui se dit dans les antichambres, que l'on appelle les salons des Tuileries!.. » Comment?.. on y fait du libéralisme?... « A peu de choses près comme au comité directeur, » ai-je répondu!.. Et cette plaisanterie, qui n'est pas tout à fait un conte, a produit le meilleur effet sur les frères et amis!

*Du Lugubre.* M. le vicomte!..... N'allez-vous pas trop loin?...

*Nabaucourt.* Pas du tout! c'est vous qui restez en route!

*Du Lugubre.* Écoutez donc! nous avons proclamé si haut la monarchie du droit divin!

*Nabaucourt.* Raison de plus pour ne pas vous arrêter en route!.. Trahissez tout à fait, afin que quelqu'un vous en sache gré!...

*Du Lugubre.* Ainsi, vous vous considérez vous-même comme en état de trahison?

*Nabaucourt.* Du moins, j'y mets de la bonne grâce, et je puis dire de la loyauté!

*Du Lugubre.* Mais la renommée, l'histoire, que diront elles?

*Nabaucourt.* Ecoutez!.... Vous vivez d'espérance, d'idéologie, de grandeurs, de postérité! Moi je vise moins haut!... Je veux vivre de mon vivant, et je veux être accueilli pendant mon époque corporelle! .. Quand vous serez mort, qui vous hébergera, je vous le demande?... De mon vivant, je parcours ma patrie de fête en fête, de repas presque publics en dîners patriotiques qui partout sont des repas de famille!... Et que m'importe, après moi, de ma cendre, pourvu qu'elle fertilise le sol de ma patrie!...

*Du Lugubre.* C'est en effet une postérité primitive!

*L'Agité* (*à Du Lugubre*). Sommes-nous traités de la sorte, je vout le demande, par nos amis les royalistes encroûtés?

*Nabaucourt.* Quand on n'est pas dans le système des ovations, on ne peut jouir de la vie!

*Du Lugubre.* Mais quel effet produirait mon apparition dans ce sanctuaire d'indépendance politique et d'incrédulité religieuse, que j'ai si constamment foudroyés, sans pourtant les anéantir?

*Nabaucourt.* Vous ferez un effet prodigieux!

*Du Lugubre* (*après un moment de la plus*

*profonde réflexion, et d'un ton de voix solennel*). Qu'en dites-vous.... l'Agité?...

*L'Agité*. Mon cher baron, je marcherai sur vos traces, sinon à la postérité, du moins vers un ministère quelconque!.. Ma détermination devient inébranlable; vos résolutions ne peuvent qu'être généreuses, et je vous suivrai jusqu'au pouvoir! (*Du Lugubre et l'Agité se serrent la main*).

*Du Lugubre* (*prenant à part solennellement le vicomte de Nabaucourt*). Pensez-vous, M. le vicomte, que le parti libéral puisse être un débouché pour ma dix-septième édition, considérablement augmentée et scrupuleusement revue et corrigée?

*Nabaucourt*. Incontestablement!.. On vous fera même faire des vers là-dessus! si cela peut vous faire plaisir!

*Du Lugubre*. Je ne balance plus... Allons, l'Agité, allons sauver, s'il se peut, la monarchie de sa propre ingratitude!

*L'Agité*. Je me range du parti de la reconnaissance.

*Nabaucourt*. Et des dîners civiques! (*Ils sortent, et vont tous trois au comité directeur.*)

# ACTE X.

## SCENE I^re.

GERMAIN, GRIPPE-SOLEIL.

*Germain.* Eh bien! v'là La Fleur qu'est valet de chambre!..... Qu'est-ce que tu dis de cela, Grippe-Soleil?

*Grippe-Soleil.* Ma foi, tant mieux! ça me fait plaisir!.. La Fleur est bon enfant!...

*Germain.* Bah; il fera son monsieur comme les autres!

*Grippe-Soleil.* Cela pourrait bien être un petit brin!

*Germain.* Je veux bien des maîtres, à la bonne heure!

*Grippe-Soleil.* Ben heureux quand on en a!

*Germain.* Mais des supérieurs, vois-tu, ça me dépité!

*Grippe-Soleil.* Puisqu'il en faut, que veux-tu faire à cela?

*Germain.* C'est un malin.

*Grippe-Soleil.* Un finot!

*Germain.* Et comment a-t-il fait?

*Grippe-Soleil.* Je te le demande?

*Germain.* Monsieur disait encore, pas plus tard qu'hier matin à son déjeûner, que les valets de chambre n'étaient que des fainéans!

*Grippe-Soleil.* C'est bien vrai cela?

*Germain.* Il faut qu'il l'ait ensorcelé!

*Grippe-Soleil.* Il l'aura peut-être bien embêté!

*Germain.* A-t-il du bonheur?

*Grippe-Soleil.* Est-il heureux, ce garçon-là!

*Germain.* Eh bien! je te parie chopine qu'il fera son important tout comme M. Lafrance!

*Grippe-Soleil.* Notre maître-d'hôtel?... Allons donc!

*Germain.* Oui, bien!... tu ne connais pas ton monde!... Tu n'es pas de Paris!

*Grippe-Soleil.* Que t'es donc bête! Il n'y a pas six mois que je suis à Paris, peut-être?

*Germain.* Il fera son monsieur, et vois-tu, les gens qui gagnent à la loterie, font tous les importans!

*Grippe-Soleil.* Ah! moi, je ne ferais pas comme cela quand je gagnerai le gros lot!

*Germain.* Tais-toi donc, nigaud, tu ferais comme les autres!

*Grippe-Soleil.* La Fleur est bon enfant; c'est lui qui m'a mis frotteur au service de M. le baron!

*Germain.* Oui, parce qu'il en contait à la femme de ton frère Jean-François, et pour se débarrasser de toi, grand dadais.

*Grippe-Soleil.* Eh bien! quand il en conterait à ma belle-sœur, qu'est-ce que ça me regarde?.... ça me regarde-t-il, là, voyons?...

*Germain.* Si ça te fait plaisir?

*Grippe-Soleil.* Est-ce qu'on en meurt?

*Germain.* Pas souvent, Dieu merci!

*Grippe-Soleil.* Est-ce qu'on regarde à cela, quand on se marie?

*Germain.* Va, mon garçon, tu seras bien sûr de ton affaire!

*Grippe-Soleil.* Et toi donc, si, je suppose, on te donnait la fille à Mathurin-Pierre, le fermier à M. le baron, qu'est une égrillarde! est-ce que tu refuserais le magot?

*Germain.* Le morceau est trop friand pour nous!

*Grippe-Soleil.* Et puis, notre demoiselle qu'épouse un M. le duc; est-ce pour ses yeux en coulisse qu'il la prend?.... y mettrais-tu ta main au feu?

*Germain* (*mystérieusement*). Je craindrais de m'en mordre les pouces!

*Grippe-Soleil.* Et notre madame; après cela, et son M. le comte, qu'elle appelle son cher Edouard. En dit-on!..... en dit-on!..... Tu vois bien!.....

*Germain.* Chut! Grippe-Soleil! il ne faut pas parler des maîtres!

*Grippe-Soleil.* Il n'y a personne!.......

*Germain.* C'est égal! quand on a des maîtres, vois-tu, ne faut pas voir les choses qu'on voit! ne faut pas dire bien des choses qu'on sait!

*Grippe-Soleil.* N'y a personne!

*Germain.* C'est égal, mauvaise habitude; ça revient aux maîtres, et puis on est chassé sans en savoir la raison.

*Grippe-Soleil.* Eh bien! causons tout bas!......

(Grippe-Soleil et Germain font des gestes qui expriment le sujet de leur entretien, et de temps en temps ils rient en disant des mots entrecoupés et sans suite).

## SCÈNE II.

GERMAIN, GRIPPE-SOLEIL, LA FLEUR.

*La Fleur* (*s'arrête en entrant et les voit causer. Grippe-Soleil, appuyé sur son manche à balai, et Germain avec son plumeau sous le bras*). Les fainéans! Eh bien! voilà comme je faisais hier!

*Germain* (*à Grippe-Soleil*). T'as vu tout cela!

*Grippe-Soleil*. Dame! c'est que depuis qu'on y voit clair avec de la fumée, vois-tu bien..... (*Ils rient aux éclats.*)

*La Fleur* (*se montrant tout à coup*). Eh bien donc! qu'est-ce que cela signifie?

*Grippe-Soleil*. Ah! La Fleur, que je suis donc ben aise!

*La Fleur* (*l'interrompant*). Dans un jour comme celui-ci!

*Germain*. Ah ça donc! est-ce que tu vas déjà faire ton important!

*La Fleur*. Rien de prêt, tout en désordre, cela n'a pas de nom!

*Grippe-Soleil*. Hé! là! là!

*La Fleur.* Ma parole d'honneur!

*Grippe-Soleil.* Eh bien là! pas de tapage!

*La Fleur.* Aujourd'hui que tout est sens dessus dessous pour la signature et le gala.

*Germain.* Mons La Fleur fait son important de bien bon matin! attends du moins à la semaine prochaine!

*La Fleur.* Et ma responsabilité?

*Grippe-Soleil* (*avec étonnement*). Sa responsabilité!

*La Fleur.* Qu'est-ce qui serait grand!..... un jour de cérémonie!...... je vous le demande?...... ce serait par vous autres valets!........ Ah ça! Grippe-Soleil, balayez par ici!........ Vous, Germain, placez là ce fauteuil, époustez ces coussins, mettez ces papiers par ici!...... on n'a pas un instant à soi dans ces grandes occasions-là!.... Il faut une tête!..... véritablement de la tête! voilà qui est fait!...... Allez, mes amis, c'est fort bien!.... Germain, Grippe-Soleil, quoique valet de chambre, je serai toujours monsieur La Fleur pour vous!

*Germain* (*à Grippe-Soleil*). Ne te l'avais-je pas dit qu'il ferait son important?

*Grippe-Soleil.* Il est godiche; il fait le fier comme M. le baron!

## SCÈNE III.

LA FLEUR, *seul.*

C'était nécessaire! il fallait trancher dans le vif avec la valetaille! Cela coûte; mais il faut être ce qu'on est!........ Je vois bien maintenant pourquoi, quand on fait fortune; il est impossible de conserver des amis!...... Cela ne se ressemble plus!...... cela vous mangerait dans la main!....... La Coupe avait raison quand il disait que les antichambres sont dans la nature humaine! On ne peut pas s'en passer, et sans cela le monde irait tout de travers...... C'est singulier, depuis que je suis valet de chambre, je vois les choses tout différemment!.... Comme M. le baron sera content d'être monseigneurisé quand il sera ministre des finances!...... Et je conçois cela, car cela me fait plaisir d'être enfin monsieur La Fleur une fois pour toutes. (*Il sort.*)

## SCENE IV.

LE BARON, *seul.*

On a beau marier sa fille, on a beau se tourmenter des soins d'une maison qui va mal, cela n'empêche pas d'avoir du plaisir à ressasser les détails de sa fortune, et à la trouver en bon état (*Il tire son calepin*)...... Deux et deux...... font quatre, et trois..... font sept....

C'est une belle chose que l'arithmétique quand on compte sa fortune, et qu'on la compte par millions; on ne s'ennuie jamais avec cette ressource!..... Si quelque contrariété trouble l'esprit, si le succès de mes rivaux de bourse, ou le caprice de la baronne de Soussussous parfois m'agitent la bile, le calepin, état précis de ma fortune, a bientôt dissipé mes ennuis!.... Et six.... font treize..... et cinq....

## SCÈNE V.

LE BARON, LA FLEUR.

*La Fleur*. M. d'Autrefois demande s'il peut voir monsieur le baron ?

*Le baron*. D'Autrefois ?...

*La Fleur*. Oui, monsieur le baron.

*Le baron*. Mais, La Fleur, il est venu me voir, il n'y a pas plus de huit jours, si je me le rappelle, et je ne le reçois qu'une fois tous les quinze jours ; c'est la consigne.

*La Fleur*. C'est le suisse qui l'a laissé monter !

*Le baron*. Le suisse est un impertinent !

*La Fleur*. M. d'Autrefois aura peut-être forcé la porte ; je n'en serais pas étonné. Il est dans le petit salon, et il attend de très-mauvais humeur !

*Le baron* (*contristé*). Dis-lui, La Fleur, que je n'y suis pas !

*La Fleur*. M. d'Autrefois a sa canne à pomme d'or que vous savez, et ilg esticule avec de manière à me faire craindre la suite de mon message !

*Le baron* (*inquiet*). En vérité ?

*La Fleur*. Il est brave homme ; mais il n'est

pas tendre; et, d'après ce qu'il a dit du suisse, je ne serais pas surpris qu'il n'eût vertement apostrophé ce pauvre Fribourg!

*Le baron* (*abattu*). Mais que me veut cet homme?

*La Fleur*. Je ne sais!

*Le baron*. Cet homme m'est odieux!

*La Fleur*. Je n'y puis que faire!

*Le baron*. Ces bourgeois du temps passé sont pires, je crois, que l'ancienne noblesse; ils sont d'un orgueil à ne pas se donner pour un grand seigneur de la révolution, ou pour un homme titré de la Charte!........ Dis-lui, La Fleur, que je suis occupé d'affaires importantes; que je ne puis le recevoir aujourd'hui!

*La Fleur*. Mais M. d'Autrefois est vigoureux pour son âge; il est colère, et je crains.....

*Le baron*. Poltron! ne t'ai-je pas fait valet de chambre ce matin?.....

*La Fleur*. C'est véritable! il n'y a rien à dire à cela; et je vais affronter la tempête!

## SCÈNE VI.

LE BARON, *seul.*

M'en voilà débarrassé, Dieu merci!... Si un homme au-dessus du vulgaire se laissait dominer par toutes les importunités des hommes à petits moyens, qui n'ont rien à faire, on passerait son temps à causer en pure perte!..... il faut y mettre un peu de fermeté...... de suite!... c'est le seul moyen de se délivrer de ces importuns qui ne savent que faire de leur fainéantise.

## SCÈNE VII.

LE BARON, LA FLEUR.

*Le baron.* Eh bien! est-il parti?

*La Fleur.* Ah! monsieur, je vous assure que non!

*Le baron.* Qu'a-t-il dit?.. qu'a-t-il fait?

*La Fleur.* Ah! monsieur, quel homme! je m'en étais douté!

*Le baron.* Eh bien?...

*La Fleur.* Quand j'ai dit que M. le baron était en affaires, il m'a traité d'insolent, et si je ne m'étais esquivé, j'aurais reçu, d'aplomb, un coup de canne si vigoureusement appliqué, qu'il a fracassé cette belle table de ma......., de mala.....

*Le baron.* De malachite, peut-être?

*La Fleur.* De malachite.... c'est cela!

*Le baron.* Il a cassé ma table de malachite que j'avais fait venir de Russie...

*La Fleur.* C'est cela!

*Le baron* (*exaspéré*). Par spéculation!

*La Fleur.* Ferai-je entrer?

*Le baron* (*avec effroi*). Garde-t-en bien!..

*La Fleur.* Il est d'une colère....

*Le baron.* Appelle mes gens, Lafleur, délivre-moi de la présence de cet homme-là.

*La Fleur.* C'est facile à dire.

*Le baron.* De cet enragé....

*La Fleur.* Je suis seul!...

*Le baron.* Appelle mes gens..... Ma table de malachite!...

*La Fleur.* Je vais faire un dernier effort, et tenter le tout pour le tout!..... (*Il sort.*)

## SCÈNE VIII.

LE BARON, *seul.*

Quel être! Voilà ce que c'est qu'un *ultrà* dans toute la force du terme!..... Cela a beau vieillir! .. cela casse et brise tout ce qui le contrarie!.... Ma table de malachite, que ma femme affectionnait tant, et sur laquelle j'aurais gagné peut-être 80 pour 100 pour le moins!..... la mettre en canelle comme un morceau de verre!...... Ce sont de ces choses auxquelles il est absolument impossible de tenir!.....

## SCÈNE IX.

LE BARON, D'AUTREFOIS, LA FLEUR.

*D'Autrefois.* Eh bien donc! m'empêchera-t-on d'entrer!....... drôle...... me fera-t-on coucher dans une antichambre.... (*Bousculant La Fleur, et entrant d'autorité.*) Ce drôle-là m'empêchera t-il d'entrer?

*Le baron.* Eh quoi! c'est vous, mon bon ami! Comment donc, La Fleur (*il fait signe à La Fleur qu'il n'est pas mécontent de lui*), ne connaissez-vous pas M. d'Autrefois?..... mon bon ami M. d'Autrefois....... Drôle....... je trouve fort mauvais que vous ayez fait attendre M. d'Autrefois dans mon petit salon, entendez-vous bien!.....

*D'Autrefois* (*saisit brusquement une chaise, et s'assied au milieu de la scène, puis d'une voix ferme il dit :*) « Monsieur le baron de Soussussous, je viens d'apprendre, par la voix publique, que vous mariez votre fille!......

*Le baron* (*embarrassé*). Il est vrai que ma femme.....

*D'Autrefois.* Il y a dix-sept ans que vous m'avez fait l'honneur de me choisir pour parrain de Cécile!.....

*Le baron.* C'est vrai!

*D'Autrefois.* J'étais votre compère alors, et vous vous faisiez honneur de mon amitié!.... Les choses ont changé!....... Je suis demeuré dans mon honorable médiocrité!...... Vous avez fait fortune!.....

*Le baron.* Vous n'avez rien hasardé!

*D'Autrefois.* Et je ne serais pas venu vous importuner du souvenir de notre ancienne amitié, si le sort de Cicile, auquel vous m'avez intéressé, ne m'en faisait pas un devoir aujourd'hui!

*Le baron.* Je suis, mon ancien ami, touché de votre démarche assurément; mais je vous prie de m'excuser si vous n'avez pas été prévenu plus tôt du mariage de ma fille!...... je ne l'étais pas moi-même!..... Ma femme avait si bien disposé les choses, que je n'ai fait que ratifier ce matin une affaire toute conclue.... Et voilà pourquoi....

*D'Autrefois.* Ainsi vous vous reposez sur autrui du sort de votre unique enfant!

*Le baron.* Ecoutez donc! j'ai ma banque à diriger; les mères, vous le savez, se chargent des demoiselles..... et.....

*D'Autrefois.* Et vous donnez votre fille, votre fille chérie à l'étranger, à M. d'Embrouillamini?

*Le baron..* Vous aimez les grands seigneurs!

*D'Autrefois.* Les vieux Etats vivent de souvenirs! Oui, j'aime, ou du moins j'honore les grands seigneurs qui respectent l'état qu'ils ont obtenu de la fidélité de leurs ancêtres; mais je suis inflexible envers ceux qui trahissent leur origine pour se placer à la tête de tous les désordres de leur patrie, et qui, loin de vénérer les antiques vertus de leurs pères, cherchent, dans des abstractions anarchiques, leur fausse gloire ou leur ignominie!

*Le baron.* Mais, si l'on ne veut plus du temps passé?

*D'Autrefois.* Prétendez-vous détruire les souvenirs!

*Le baron.* Ecoutez, il faut prendre les hommes selon le temps qui court, et puisque tout change....

*D'Autrefois.* Pensez-vous que les vertus changent?

*Le baron.* Pourquoi non?

*D'Autrefois.* Les hommes peuvent par époque s'étourdir sur leurs faiblesses; mais leur conscience les ramène à la vérité!

*Le baron.* Oui!... Jadis!...

*D'Autrefois.* Les vertus sont éternelles!

*Le baron.* Tenez, il faut vivre avec son siècle, et ne pas être plus honnête homme que lui.

*D'Autrefois.* Les temps ne varient pas! les hommes seuls varient!

*Le baron.* Tout change! Les choses, les temps, les hommes! Moi je fais de même, et j'imite les saisons! Je prends mon manteau l'hiver, et quand le temps devient chaud, je prends des habits d'été. Je ne change pas pour cela! je me conforme à l'état de l'atmosphère, et je suis ma vie animale, ou ma vie intellectuelle, comme on l'appelle aujourd'hui, sans prétendre être plus philosophe ou réformateur que la nature.

*D'Autrefois.* Cependant vous voulez réformer l'univers?

*Le baron.* Eh, mon Dieu non! Mais je suis l'univers; puis-je l'empêcher d'aller où bon lui semble?

*D'Autrefois.* L'univers s'inquiète peu de nos dissentions! nous sommes des atomes en état de société! C'est à nous d'ennoblir notre existence sociale par des sentimens élevés, utiles et généreux... C'est là notre tâche!

*Le baron.* Je ne dis pas le contraire.

*D'Autrefois.* Et blâmer ce qui partout a fait l'honneur du genre humain, c'est mal comprendre les intérêts de la civilisation, qui seule réhausse notre existence humaine!

*Le baron.* Ces maximes ne me blessent en rien!

*D'Autrefois.* Cessez donc de vous affilier aux troubles de votre patrie; abandonnez des hommes et des erreurs qui vous conduiront peut-être à votre ruine, et surtout, ne compromettez pas l'existence de celle que vous devez tant chérir!

*Le baron.* Nous ne sommes peut-être pas, mon bon ami, si loin de nous entendre que vous le pensez!

*D'Autrefois.* Dieu le veuille!

*Le baron.* Il existait jadis des vertus qui pouvaient avoir leur bon côté, je ne dis pas non!... Mais notre siècle a ses vertus à lui, des vertus plus commodes et plus appropriées aux exigences de l'époque actuelle!... Toute chose vieillit, chaque mode se renouvelle! Peut-être les vertus du temps jadis deviendront-elles celles d'un siècle futur; alors, on fera bien de s'y conformer; mais de nos jours avoir des vertus antiques, c'est se mettre à la queue de la civilisation! Ce serait niaiserie pure!

*D'Autrefois.* La conscience des hommes est leur juge inflexible, et qui les poursuit invariablement à travers les illusions de la prospérité!

*Le baron.* Oui! mais il ne faut pas se créer des chimères de vertus, ni prendre des exemples dans des temps de décrépitude.

*D'Autrefois* (*à part*). Ils l'ont privé de son bon sens!

*Le baron* (*à part*). Essayons de le ramener à la raison!... Faisons un dernier effort!

*D'Autrefois* (*à part*). Restons de sang-froid, s'il est possible.

*Le baron.* Mon bon ami, parlons raison une fois pour toutes, afin de nous entendre, s'il est possible!

*D'Autrefois.* Je le veux bien!

*Le baron.* Pourquoi, je vous en prie, toujours outrer les choses? Pourquoi, par exemple, vous faire ultrà-royaliste, légitimiste à trente-six karats, quand les souverains de l'Europe transigent avec leurs propres intérêts, et se déclarent pour tous les gouvernemens de fait?

*D'Autrefois.* Parce que je suis homme d'honneur, et non pas homme politique, et que je ne dois qu'à moi-même un compte scrupuleux de ma pensée!

*Le baron.* Ainsi, vous voulez être plus royaliste que les rois de l'Europe?

*D'Autrefois.* Tant pis pour les souverains de l'Europe s'ils sont moins royalistes que moi!

*Le baron.* Quel être exagéré!... Et vous appelez cela du *bon sens?*

*D'Autrefois.* Orgueilleux novateurs, vous vous croyez des sages!

*Le baron.* Vous vous croyez seul la raison et le sens commun en partage.

*D'Autrefois.* Vous faites les hommes d'Etat, messieurs les banquiers!

*Le baron* (*piqué au vif*). Et pourquoi, je voudrais bien le savoir, ne voulez-vous pas qu'un banquier ne se mêle pas de politique, et ne soit pas un grand seigneur s'il en trouve l'occasion?

*D'Autrefois.* Par deux raisons; l'une, parce que votre banque a besoin de vous!... l'autre, parce que l'illustration n'est que la récompense de longs services publics et de longues années de probité!

*Le baron.* Vous n'avez dans la tête que des préjugés, et vous voulez qu'on soit, aujourd'hui, honnête homme comme il y a deux mille ans, et noble avec cinq cents ans de noblesse apparemment.

*D'Autrefois.* Je veux que chacun soit honoré; mais suivant son existence sociale!

*Le baron.* Sinon, tout est perdu : n'est-ce pas?

*D'Autrefois.* Sinon, tout est bouleversement!

*Le baron.* Vous avez, mon ami d'Autrefois, des idées à vous seul, et vous poussez la probité jusqu'au ridicule, je me crois obligé de vous en prévenir. Vous nous parlez sans cesse, par exemple, d'un vieux monsieur Caton, d'un certain M. le chevalier de Bayard!... C'étaient, j'en suis bien persuadé, de très respectables gentilshommes!... Mais, que faire aujourd'hui de leur probité, je vous le demande?... Rien d'utile!.. Vous nous parlez aussi de la loyauté, de la foi du serment, comme aux plus beaux jours de la féodalité! Et cependant, voyez nos respectables pairs de France, n'ont-ils pas prêté, pour la plupart, cinq ou six sermens de fidélité, tous plus ou moins contradictoires les uns que les autres; eh bien, en sont-ils moins pour cela, nos respectables pairs de France, l'objet de la vénération publique... je vous le demande?... Vous voyez bien, cher ami, que les vertus se sont déplacées, et que vous ferez bien de les suivre et de nous imiter!

*D'Autrefois.* Chacun vit avec sa conscience!

*Le baron.* Vous prenez la probité pour une lettre de change, et ce n'est plus cela!

*D'Autrefois.* Je veux l'ordre, et c'est pour cela que je veux la monarchie et toutes les conditions qui peuvent la consolider: car le gouvernement paternel est le seul à l'usage des hommes, le seul possible, le seul vrai, le seul durable, et le seul protecteur de l'humanité!... Quand la ruche perd sa reine, le travail cesse, et l'essaim périt!...

*Le baron (d'un ton solennel.)* Mon ami, les banquiers ne laisseront jamais le pauvre peuple manquer d'ouvrage!...

*D'Autrefois.* Dieu nous préserve de leur autocratie mercantile!

*Le baron (indigné.)* Autocrates mercantiles!... Les hommes de la patrie! Oui, vous les verrez, ces banquiers dont vous faites fi! Vous les verrez à la tête des affaires publiques, pour la fortune et le bonheur de tous, et c'est alors, seulement alors, que vous la verrez, la poule au pôt de votre Henri IV, et pas autrement!

*D'Autrefois.* Orgueilleux protégé de la fortune, vous vous croyez au-dessus de la condition humaine, et vos flatteurs, car les rois, les banquiers, et même la populace ont des flatteurs, suivant leur or ou leur puissance, vos flatteurs, dis-je, vous précipitent malgré votre bon sens naturel, vers tous les désastres de votre patrie, et peut-être de votre fortune, soit!!... Mais que du moins ils ne vous fassent pas oublier que vous êtes père!.. Ma tâche est remplie... Adieu!

## SCÈNE X.

LE BARON *seul.*

Quel radoteur! Quel être reculé que ce vieux butor de bourgeois, qui se croit le parrain de Cécile, comme on l'était quand il n'existait pas d'état civil!... Cela se conçoit-il, et que l'on tuerait plutôt que de lui faire abandonner une seule de ses vieilles rêveries!... D'honneur, le monde est bien difficile à gouverner!... Eh bien, ce sont ces gens-là qui veulent voir régner leurs vieilles idées, qui font tout le mal!... D'honneur, il n'est rien de pis que les honnêtes gens!... Cela dénigre toutes les nouveautés, tous les perfectionnemens!... Mais le temps viendra!... Le temps n'est pas loin, où l'on verra si les banquiers ne sont pas des grands seigneurs, et si l'on a besoin de féodalité pour soutenir dignement une monarchie républicaine!

(*Le baron prend son calepin avec humeur et se calme peu à peu.*) Deux et deux font quatre, et trois font sept... treize... quinze... et dix-huit millions six cent mille... (*Il s'arrête et réfléchit.*) Je ne suis pas leur dupe, avec tout cela!... Vieugredin a raison, il faut se méfier de ces aigrefins!... Il a plus de sens à lui seul, que tous les libéraux ensemble!... Il ne croit guère à leur probité!... Je ne fais pas semblant de soupçonner que ce sont des vauriens, qui voudraient arriver à notre bourse, comme l'ont déjà fait nos républicains et nos malins de l'empire!... Mais je suis sur mes gardes!...

## SCÈNE XI.

LE BARON, LAFRANCE.

*Lafrance.* Je me rends aux ordres de monsieur le baron!

*Le baron.* Ah! ah!... Eh bien, donc, monsieur Lafrance, qu'est-ce qui se passe dans ma maison?

*Lafrance.* J'ignore ce que veut dire monsieur le baron!

*Le baron.* Je vous le demande?

*Lafrance.* Je ne sais rien qui mérite la peine d'être soumis à la connaissance de monsieur le baron!

*Le baron.* Eh bien!... Ma maison est un gouffre... un centre de gaspillage... de désordre dont on ne se fait pas une idée...

*Lafrance.* Il est peu de bonne maison en ordre comme celle de monsieur le baron.

*Le baron.* Vous croyez peut-être, Lafrance, que parce que je suis occupé de grandes affaires financières, je ne dois pas m'apercevoir de ce qui se passe dans ma maison?

*Lafrance.* Je sais que monsieur le baron y regarde de près!

*Le baron.* Je sais tout!... Je vois tout!... Eh bien, je ne vois pas le quart de ce qui se passe céans!

*Lafrance.* Il faut que des envieux cherchent à me nuire; et je vois bien que monsieur le baron se laisse influencer!

*Le baron.* Je ne me laisse point influencer en matière de comptabilité.... entendez-vous?

*Lafrance.* Il y a tant d'envieux, tant de gens qui veulent des places dans le temps qui court, que personne n'est à l'abri de la calomnie.

*Le baron.* Calomnie tant que vous voudrez!.... mais est-il vrai que les petites Lafrance reçoivent ou ne reçoivent pas des cornets de bonbons des fournisseurs de ma maison?

*Lafrance.* Cela pourrait être.

*Le baron.* Et Mme Lafrance des pains de sucre, première qualité?

*Lafrance.* Je ne dirai pas non à monsieur le baron.

*Le baron.* Ah!.... ah!....

*Lafrance.* Mais puis-je empêcher l'épicier de la maison de donner tous les six mois un pain de sucre à Mme Lafrance?

*Le baron.* Dites tous les trois mois.

*Lafrance.* Eh bien, tous les trois mois. Que puis-je faire à cela, s'il fournit bien du reste?.... Si ces gens-là veulent donner des pains de sucre à ma femme, puis-je les en empêcher?

*Le baron.* Et les étrennes de M$^{me}$ Lafrance, nous n'en parlons pas.

*Lafrance.* Il est vrai que ma femme, au jour de l'an, reçoit quelques petits cadeaux; mais que puis-je faire à cela, si monsieur n'y perd rien?

*Le baron.* Petits cadeaux, comme linge damassé, couverts d'argent et fanferluches de toute nature.

*Lafrance.* Il est bien difficile de résister à l'usage, monsieur le baron, et le temps le veut comme cela.

*Le baron.* Oh! si le temps le veut comme cela, c'est autre chose; mais en tout cas ce n'est certes pas par-là qu'il brille, le siècle! Partout ailleurs, soit.... mais, dans ma maison, l'ordre avant tout.

*Lafrance.* Je vois bien d'où le coup part.

*Le baron.* Qu'est-ce à dire?

*Lafrance.* La Fleur est valet de chambre depuis ce matin; il fait sa cour à monsieur le baron, et je vois bien que c'est à mes dépens.

*Le baron.* Croyez-vous que j'aie besoin d'un valet pour savoir ce qui se passe chez moi?

*Lafrance.* La Fleur est un rusé drôle; il en

est venu à ses fins..... Je ne sais comment il a fait auprès de monsieur le baron.... Une fois valet de chambre, il veut être maître-d'hôtel, et me fait tort dans l'esprit de monsieur le baron pour me supplanter tôt ou tard.

*Le baron.* Je ne parle jamais à mes gens de mes affaires, entendez-vous bien?.... et quant à la Fleur, il ne m'a jamais dit que du bien de vous.

*Lafrance.* C'est un hypocrite.... et je crains ses éloges comme ses méchancetés.

*Le baron.* Ah! nous y voilà....Vous êtes jaloux d'un pauvre diable que j'ai fait valet de chambre après quinze ans de service.

*Lafrance.* C'est un ambitieux!

*Le baron.* Quand il le serait ambitieux....quand il en aurait de l'ambition.... ce serait bien naturel à ce pauvre garçon, dans le temps où nous vivons, entendez-vous?

*Lafrance.* Qu'on ait de l'ambition, à la bonne heure, mais pas aux dépens d'autrui.... Je suis bien sûr que c'est La Fleur qui m'a noirci dans l'esprit de monsieur le baron.

*Le baron* (*à part*). Quand je chasserais Lafrance, qu'y gagnerais-je? Ce serait encore pis, très-probablement. Il faut tendre le dos dans ce temps-ci, c'est ce qu'on a de mieux à faire.

## SCÈNE XII.

LE BARON, LAFRANCE, LA FLEUR.

*La Fleur.* Monsieur l'Encaisse prie monsieur le baron de descendre un instant dans ses bureaux pour affaires qui pressent.

*Le baron.* Ah! ah! qu'est-ce que cela? (*A La Fleur.*) J'y vais. (*A part, en sortant.*) Je parie qu'ils vont se chanter pouille.

## SCÈNE XIII.

LAFRANCE, LA FLEUR.

*Lafrance* (*à part*). Faisons jaser ce drôle-là.

*La Fleur* (*à part*). Il se doute de quelque chose.... Voyons-le venir.

*Lafrance.* Eh bien, mons La Fleur, vous voilà valet de chambre, homme important.

*La Fleur.* Enfin j'ai le pied à l'étrier; j'ai long-temps attendu!

*Lafrance*. Et vous n'en resterez pas là, sans doute?

*La Fleur*. Dans le temps qui court, chacun se pousse; c'est tout simple....

*Lafrance*. Oui; mais il ne faudrait pas que ce fût aux dépens de certaines personnes....

*La Fleur*. Sans doute, si l'on pouvait faire son chemin sans cela.

*Lafrance*. Ainsi, je vous vois venir.... Valet de chambre aujourd'hui, demain vous voudrez être maître d'hôtel.

*La Fleur*. Sans doute.

*Lafrance* (*en colère*). A ma place?

*La Fleur*. Pourquoi pas?

*Lafrance*. Et vous croyez que je n'y mettrai pas ordre?

*La Fleur*. Qu'est-ce que cela vous fait?

*Lafrance*. Comment, malheureux, vous me dites que vous voulez ma place, et vous voulez que je reste les bras croisés!

*La Fleur*. Ecoutez, je veux être maître-d'hôtel, c'est tout simple; mais je veux que vous soyez intendant.

*Lafrance* (*adouci*). Est-ce que M. le baron veut d'un intendant?

*La Fleur*. Voulait-il hier un valet de chambre? M. le duc de Sancerre avait un intendant; M. le baron finira par-là.

*Lafrance.* Mais M. l'Encaisse fait à peu près la place, et je ne voudrais pas faire tort à ce brave homme.

*La Fleur.* Vous lui rendriez service; il a de l'âge..... il a mis de côté..... il faut qu'il se repose.

*Lafrance.* Quel est donc son avoir?

*La Fleur.* Sa fortune, vous voulez dire? La voici. Depuis trente ans passés, M. l'Encaisse a 2,000 écus..... C'est joli..... Mme l'Encaisse a ses 1,500 liv. de rente sur l'Etat, sans lesquelles M. l'Encaisse ne l'aurait très-certainement pas épousée...... Ce ménage ne mange pas plus de 2,000 fr. par an.... Le magot s'est donc accru de 5,500 fr. par an. Mettons 5,000 fr. pendant trente ans, cela ferait 50,000 écus, pour le moins.

*Lafrance.* Cela pourrait être.

*La Fleur.* Mais l'homme a joué sur la rente; il n'a pas fait de coup de tête; il pouvait choisir les bonnes occasions, ses intérêts se sont accumulés, et je parie qu'il a doublé son capital.

*Lafrance.* C'est probable.

*La Fleur.* D'ailleurs, M. l'Encaisse se fait vieux; il lui faut du repos; et le forcer au repos, ce serait lui rendre un vrai service.

*Lafrance.* Dans le fait, si M. l'Encaisse, et cela paraît très-présumable, a 300,000 fr. clairs et nets, il n'a rien de mieux à faire que de se reposer.

*La Fleur.* Sans doute!... Vous voyez donc bien qu'il vaut mieux nous entendre, et agir dans un intérêt commun, plutôt que de nous nuire auprès du maître!

*Lafrance.* Cela vaudrait mieux! Mais avant tout, il faut être honnête homme, La Fleur!

*La Fleur.* C'est bien comme cela que je l'entends, monsieur Lafrance!... Il faut de la probité dans ce siècle-ci : il n'y a pas à dire mon bel ami!

*Lafrance.* Je vous croyais un malin, un sournois, mais je vois que vous avez plus de raison et de franchise que je ne le croyais!... Ainsi, topez là, mon cher La Fleur, et soutenons-nous mutuellement!... C'est à la vie et à la mort!

*La Fleur.* Topez là, soyons amis, et voilà ce que c'est. (*Ils se frappent dans la main, et sortent les meilleurs amis du monde.*)

# ACTE XI.

## SCÈNE Ire.

DE MORDANT, VIEUGREDIN.

*De Mordant.* Vous me raccommodez avec les vieilleries!... Vous avez fait merveille!

*Vieugredin.* Nous n'avons pas la prévision, le génie; mais nous avons pour nous l'expérience et la routine!

*De Mordant.* Le baron va nous envoyer la jeunesse de ses bureaux; cela pétille d'intelligence, et nous fournira des collaborateurs naïfs, improvisés, et qui sortiront notre feuille de cette routine de rédaction qui devient soporifique!

*Vieugredin.* Et vos jeunes effervescens, que diront-ils d'un travail assidu?

*De Mordant.* Que vous êtes arriéré !... On s'organise aujourd'hui pour faire un feuilleton, comme pour un vaudeville et une tragédie : le nombre supplée au travail pénible, et tout se fait d'instinct!

*Vieugredin.* Et l'orthographe?

*De Mordant.* On sait l'orthographe aujourd'hui tout naturellement!... Et M. Jacotot donc? Est-ce qu'on ne peut pas deviner l'orthographe en naissant, dans ce siècle-ci?... Les voici!... Je vais leur faire un discours à la moderne! Je suis sûr avec cela d'en faire ce que je voudrai!

*Vieugredin.* Ce sera fort bien fait à vous.

## SCÈNE II.

VIEUGREDIN, DE MORDANT, MUTIUS CRIQUET, ARISTOPHANE LEDOUX, NÉPOMUCÈNE CRESTÉ, NESTOR FLANDRIN, JEUNES PERSONNAGES MUETS, commis imberbes de la maison Soussussous.

*De Mordant* (*se place théâtralement vis à vis des jeunes commis, et prononce son discours à la Talma.*) Jeunes citoyens, organes d'un siècle miraculeux et justement préconisé par nos immortels journalistes, M. le baron de Soussus-sous, mon ami, votre patron et votre digne protecteur, m'a chargé de vous faire part de ses projets, et il compte sur votre coopération bienveillante et vos lumières précoces, pour l'aider à s'illustrer dans son honorable et récente carrière!... Il s'est rendu propriétaire seul et unique d'une feuille périodique, importante autant, je puis le dire, que patriotique, et ne doutant pas de votre expérience prématurée, de vos lumières innées, et de votre bienveillance en sa faveur, il m'a chargé d'une distribution d'emplois entre vous!... Il vous destine les spectacles, la mode, le sentiment, les bals de charité publique, les dîners patriotiques, la bienfaisance ostensible, les mascarades de toute espèce, etc., etc., etc... Il prétend, et je pense comme lui, que vous le seconderez dans son entreprise philantropique autant que pécuniaire, avec le zèle et cet élan de lumière et de reconnaissance sur lesquels il compte d'autant plus de votre part, qu'il ne peut en résulter pour vous qu'agrément et profit!

*Mutius Criquet.* Monsieur le comte Édouard, du moment où l'on nous prend par les beaux sentimens, il n'est rien qu'on ne fasse de nous! (*Assentiment général.*)

*De Mordant* (*bas à Vieugredin*). J'en étais sûr! (*Haut.*) J'aime cet accord de sentimens généreux, et j'augure bien de notre entreprise!... Nous allons, messieurs, nous entendre sur la distribution des emplois, nous allons, ce qui s'appelle, nous organiser définitivement!... Nous avons les grands et les petits spectacles, plus ou moins importans les uns que les autres : mais partout de la grâce, du charme et de l'intérêt!

*Népomucène Cresté.* Quelles seraient nos fonctions théâtrales, permettez-moi de vous le demander?

*De Mordant.* Vous observerez, vous rendrez compte des pièces bonnes ou mauvaises, selon vos sensations! Mais point de critiques amères; suivez les sentimens et la générosité du siècle, et ne soyez méchans que par circonstance, et dans l'intérêt pécuniaire de votre journal exclusivement!... Alors, et seulement alors, emportez la pièce!... Faites le plus de bruit que vous pourrez, coûte que coûte!... C'est là le système financier du journaliste! Car il ne faut pas oublier que cela représente l'intérêt d'un gros capital, et vous savez que le patron ne l'entend pas autrement!

*Aristophane Ledoux.* Formés, comme vous l'avez observé judicieusement, à l'école des journaux philanthropiques, nous saurons à propos allier l'indulgence à la sévérité, les lauriers aux sifflets de la critique; enfin, nous serons justes sans faiblesse.

*De Mordant.* C'est parfait. Ainsi donc, ayant à répartir, entre vos dispositions naturelles et précoces, dix-sept théâtres, depuis l'Opéra royal de musique, jusques et y compris M. Comte et les ombres chinoises, dans la répartition des emplois entre vous, il me semble naturel, autant que conforme aux principes, de donner la surveillance des grands spectacles aux aînés d'entre vous, et celle des petits aux cadets.

*Mutius Criquet (avec susceptibilité).* Oserais-je demander à M. le comte Edouard ce qu'il entend par cadets?

*De Mordant (avec concession).* Je veux dire les plus jeunes.....

*Mutius Criquet (avec fermeté).* Fort bien; mais nous n'en sommes plus au temps des priviléges, et je ne vois pas pourquoi je ne serais pas chargé de l'Opéra!... On sait ce qu'on vaut!...

*Nestor Flandrin (avec dédain).* Voudrait-il me faire passer aux marionnettes..., ce pantin-là?

*De Mordant.* Les choses peuvent s'arranger. Si vous avez, monsieur Criquet, un penchant si décidé pour l'Opéra, nous donnerons quelque autre chose de convenable à M. Nestor Flandrin, qui, sans contredit, est le plus grand, s'il n'est pas l'aîné de nos jeunes collaborateurs.

*Nestor Flandrin.* Il en aura de l'Opéra, comme je danse!

*De Mordant.* Dans le fait, M. Nestor a le droit de n'être pas exclus d'un privilége quelconque.

*Mutius Criquet (avec importance).* J'ai des raisons particulières de désirer l'Opéra.

*De Mordant.* Ah! c'est autre chose! Et s'il y a spécialité, M. Flandrin n'insistera probablement pas.....

*Nestor Flandrin.* Je dis que je suis le plus vieux, le plus grand, le plus fort, et que je ne céderai pas l'Opéra!

*De Mordant.* Ne pourriez-vous pas, monsieur Mutius, nous expliquer la cause de votre préférence pour l'Académie royale?

*Mutius Criquet.* C'est mon secret.

*Nestor Flandrin.* Morveux! est-ce que t'en as des secrets?

*De Mordant.* Monsieur Flandrin! du calme, au nom du siècle!

*Mutius Criquet.* Vous voyez qu'on m'injurie, et que j'y mets toute la modération possible!

*De Mordant.* Mais, d'où vient cette mystérieuse prédilection pour l'Opéra? serait-ce, par hasard, quelque sentiment respectable et précoce?

*Mutius Criquet.* Vous me permettrez de ne pas m'expliquer sur la nature de mes impressions.

*De Mordant.* Je vois ce que c'est... ; c'est sûr. C'est une affaire de cœur...; quelque sentiment de coulisse.....

*Nestor Flandrin.* Ce gamin-là! sait-il seulement ce que c'est qu'une femme?

*Mutius Criquet.* Comme si je ne connaissais pas ma nourrice à six mois!

*Nestor Flandrin* (*avec ironie*). Morveux! t'es un bel homme de six mois!

*Mutius Criquet.* Oh ça, donc, est-ce que vous croyez, dans ce siècle-ci, qu'on se laisse appeler morveux par ses concitoyens, parce qu'ils ont deux ans et cinq ou six pouces de plus que vous?

*Nestor Flandrin.* Belle lumière du siècle, avec son arithmétique! Cela fait pitié!

*Mutius Criquet.* Croit-il, parce qu'il est grand comme une perche, qu'il nous damera le pion?... Viens-y voir, ganache, dans six mois, de l'Ecole polytechnique!

*Nestor Flandrin.* Je te ferai voir si les ganaches valent les gamins!

*De Mordant* (*se précipitant entre les athlètes*).

Arrêtez, messieurs, arrêtez! J'approuve fort, j'approuve tout à fait le noble essor de vos généreuses émotions... Mais, messieurs, vous, dont j'honore l'esprit, la raison et le noble caractère, permettez-moi de vous recommander la morale de la fédération, soi-disant l'oubli des injures, vieux style...

*Nestor Flandrin.* C'est fort bien; mais je ne veux pas être primé par mon cadet.

*Mutius Criquet.* Avec vos belles phrases, monsieur le comte Edouard, vous ne me ferez pas céder le pas à mon ancien.

*De Mordant.* Permettez, messieurs; on s'explique... Dites vos raisons; on n'y résistera pas.

*Nestor Flandrin (à Mutius).* Oui, dis tes raisons, si t'en as.

*Mutius Criquet.* Si j'en ai!

*De Mordant.* Dites; nous sommes tous gens raisonnables et discrets.

*Mutius Criquet (avec importance et mystère).* Oui, j'en ai des raisons....

*De Mordant.* Allons, monsieur Criquet, de l'épanchement avec vos amis.

*Mutius Criquet.* Eh bien! puisque vous voulez que je vous le dise, je suis fou de M. Taglioni!... j'en perds la tête.

*Nestor Flandrin.* Tiens! le gamin qui se croit M. le baron!

*De Mordant.* Il est naturel de rendre justice au mérite, et nous rendons tous hommage au goût délicat et distingué de M. Mutius Criquet; mais les sensations doivent être libres, et notre jeune collaborateur, j'en suis bien persuadé, ne restera pas exclusif pour ses amis.

*Mutius Criquet.* C'est fort bien; mais j'ai la priorité.

*De Mordant.* La priorité, passe! mais point d'exclusion!

*Mutius Criquet* (*menaçant Flandrin*). Je ne céderai pas!

*Nestor Flandrin.* Me feras-tu reculer!.. A moi les grands!

*Mutius Criquet* (*aux petits*). Unissons-nous, camarades! A mois les petits! (*Les grands et les petits se forment en deux troupes et se disposent au combat.*)

*De Mordant.* Au nom de l'humanité, point de discorde civile! nous sommes dans le siècle, sinon de la raison, au moins du raisonnement; et ne vous battez pas, mes jeunes concitoyens, avant d'avoir mis en délibération, n'importe quoi, et je vous le demande au nom de la patrie!

*Mutius Criquet.* Le mot de patrie suspend mes émotions personnelles!

*Nestor Flandrin.* Eh bien ! délibérons pour la patrie !

*De Mordant.* En ce cas, mes honorables collaborateurs, retirez-vous, et prenez ensemble conseil d'une délibération lucide ! Lorsque vous aurez bien discuté, vous serez fixés irrévocablement sur vos intérêts mutuels, et la concorde renaîtra dans des cœurs généreux et faits pour s'estimer !

*Mutius Criquet (à Flandrin).* Veux-tu délibérer ?

*Nestor Flandrin.* Délibérons, puisque c'est à la mode !

*De Mordant.* Allez dans vos bureaux ; discutez, fraternisez de sang-froid, et vous serez bientôt d'accord et les meilleurs amis du monde ; j'en ai la plus intime conviction.

(Les jeunes imberbes sortent. Mutius Criquet, à la tête des petits, dits *gamins;* Nestor Flandrin, à la tête des grands, dits *ganaches.* Au moment de passer le seuil de la porte, Criquet donne un croc en jambe à Flandrin, et le fait tomber. Toute la troupe prend part au combat. Trois grands tombent, et trois petits sont vigoureusement jetés sur le carreau. Ils sortent en se culbutant les uns sur les autres, et dans la plus grande confusion).

## SCÈNE III.

VIEUGREDIN, LE COMTE ÉDOUARD DE MORDANT.
*Ils rient aux éclats*).

*Vieugredin.* Votre éloquence vous a réussi!

*De Mordant.* Les concessions ont mal tourné; j'aurais dû les faire plus tôt.

*Vieugredin.* Eh bien! l'homme superbe, vous flagornez aussi!

*De Mordant.* Ecoutez donc! nous avons besoin d'eux. Il s'agit d'un intérêt public!.... C'est bien autre chose! Il nous faut bien quelqu'un pour mettre le feu aux poudres!... Vous ne prêterez pas votre patte pour tirer les marons du feu!... Vous n'avez pas assez de patriotisme pour cela!

*Vieugredin.* J'ai contre moi ma vieille civilisation!

*De Mordant.* Nous sommes trop mûrs pour braver de front les chances politiques!.... Cherchons nos séides dans l'orgueil de nos jeunes successeurs.

*Vieugredin.* N'avez-vous pas assez de révolution ?

*De Mordant.* Hypocrite! vous n'en serez jamais rassasié!

## SCÈNE IV.

VIEUGREDIN, LE COMTE ÉDOUARD DE MORDANT, LE BARON.

*Le baron.* Eh bien! qu'avez-vous fait de notre jeunesse? êtes-vous content d'elle?...

*De Mordant.* Vos jeunes gens sont parfaits!... Ils sont à délibérer; tout ira pour le mieux.

*Vieugredin.* Et vous, cher baron, vous avez l'air satisfait?

*Le baron.* Je ne suis pas mécontent.

*Vieugredin* (*malicieusement*). Vous avez fait quelque chose de remarquable, je le parie!

*Le baron.* Effectivement, j'ai travaillé.

*Vieugredin.* J'en étais sûr!

*Le baron.* Je crois, à vrai dire, que j'ai fait, pour mon début dans la carrière, une pièce d'éloquence qui n'est pas de paille!... Je n'ai jamais eu de prétention à l'esprit, bien certainement;

mais, depuis que vous m'avez fait journaliste, messieurs, je me sens un autre homme.

*De Mordant.* Avez-vous frappé cela au bon coin?

*Vieugredin* (*au baron*). J'en suis persuadé.

*Le baron.* J'ai saisi le siècle, à ce que je crois!...

*De Mordant.* Bravo!

*Le baron.* Voici la chose : (*Il lit.*)

*Circulaire à mes abonnés.* C'est une circulaire pour amadouer mes abonnés. « Messieurs et chers concitoyens, » j'ai trouvé le mot convenable, « j'ai l'honneur de vous faire celle-ci, pour vous donner a connaître que, désirant coopérer de tous mes petits moyens au progrès de l'intelligence intellectuelle de mes chers contemporains présens et à venir, j'ai légitimement acquis, au capital de quinze cent mille francs, la temporairement ci-devant Gazette royaliste, *le Royaliste par circonstance*, dans l'effet noble et désintéressé de ramener au parti révolutionnaire les lecteurs incertains de cette périodique, et de les faire rentrer imperceptiblement, et sans qu'ils s'en doutent, dans la voie des idées nouvelles, industrielles, libérales, philosophiques, etc., etc., etc. Daignez donc, honorables concitoyens, nous conserver vos abonnemens, et faire part de la présente circulaire à vos amis et connaissances, avec lesquels nous avons l'honneur d'être, votre très-humble, etc., etc., etc.

Le baron DE SOUSSUSSOUS. »

(*A Vieugredin*). Est-ce bien?...

*Vieugredin.* Parfait!.... Seulement, je trouve le mot révolutionnaire un peu trop décisif!

*Le baron.* Comment donc?

*Vieugredin.* Au lieu de parti révolutionnaire, je voudrais parti de la révolution!.. ce serait plus doux.

*Le baron.* C'est la même chose.

*Vieugredin.* Pardon, il y a des nuances!

*Le baron* (*avec humeur*). Je ne les sens pas.

*Vieugredin.* Demandez à M. de Mordant.

*Le baron* (*à de Mordant*). Eh bien! mon cher comte, que pensez-vous de la difficulté que me fait Vieugredin?

*De Mordant.* Rien!

*Le baron.* Comment, rien?

*De Mordant.* Rien, absolument rien!.... Je pense qu'il est un bas valet, un plat flatteur, qui ne pense pas un mot de ce qu'il dit, et que votre pièce d'éloquence n'a pas le sens commun.

*Le baron.* J'en étais sûr!... Ainsi, le mot vous choque?

*De Mordant.* Non, et puisqu'il faut vous parler net, c'est l'œuvre entier!... c'est l'idée... l'ensemble de votre pièce d'éloquence que je trouve dépourvu de jugement.

*Le baron.* Que trouvez-vous donc de si répréhensible, permettez-moi de vous le demander, dans mon adresse, dans ma circulaire à des gens dont j'ai besoin?

*De Mordant.* Point!.. vous êtes journaliste; vous voulez l'être! vous n'avez pas besoin de l'être, ce qui vous distingue entre tous!.... Eh bien! faites votre métier! Soyez banquier modeste, à la bonne heure; mais soyez journaliste impudent, ou renoncez à votre profession littéraire!

*Le baron.* Ne puis-je la faire consciencieusement, la relever même?

*De Mordant.* Faites des souliers si vous êtes cordonnier! Soyez tranchant, hautain, sûr de votre fait, orgueilleux, effronté, si vous voulez être journaliste; ou bien les neuf dixièmes de vos lecteurs se diront: « Quel est ce bénet qui se fait « journaliste et qui se met à l'*a, b, c?* qui nous « dit le pour et le contre, et nous demande des « avis, comme si c'était à nous d'avoir un avis? « Nous avons bien autre chose à faire que de re- « garder au fond de la politique!..... Nous avons

« nos pratiques à amadouer, nos comptoirs à « achalander, et nous ne pouvons pas pourir sur « des correspondances diplomatiques pour avoir « un avis à nous! Nous voulons un avis quelcon-« que, un avis tout fait, afin de diriger nos af-« faires en conséquence, de vendre notre ca-« nelle à propos, et de nous défaire de nos huiles « avec opportunité. » Vous êtes trop simple pour être journaliste.

*Le baron.* Mais vous l'avez voulu; vous le voulez que je sois journaliste!

*De Mordant.* Oui! mais laissez-nous faire!.... Nous dirons au public plus de bien de vous que vous n'en pensez vous même, et nous vous ferons valoir plus cent fois que vous ne valez en réalité.

*Le baron.* C'est bien! c'est fort bien!... Mais les complimens seraient chers!

*De Mordant.* Comment cela!...., Qu'est-ce à dire?

*Le baron.* Sans doute! vous ne me ferez pas chaque jour *gratis* des quolibets politiques, et vous serez insatiable!... j'en suis sûr.

*De Mordant* (*faisant mine d'être courroucé*). Insatiable!... Des quolibets politiques!... Qu'est-ce à dire?... Monsieur le baron de Soussussous! savez-vous bien à qui vous parlez?... Me prenez-vous, s'il vous plaît, pour un de ces êtres mercenaires qui trafiquent de leur amitié? ou pour un de ces coulissiers avides qui vous suivent à la piste pour faire obscurément fortune après vous? Savez-vous bien que si vous n'étiez pas le mari de votre femme, je me trouverais gravement offensé!

*Le baron.* Mon cher comte! ce n'a pas été mon intention, certes!... Mais je ne croyais pouvoir exiger de vous un travail régulier, sans vous offrir un bénéfice proportionnel.

*De Mordant.* Ainsi, vous voulez me considérer comme votre associé, par exemple?

*Le baron* (*avec inquiétude*). Je n'ai pas dit cela!

*De Mordant.* Sachez, monsieur le baron de Soussussous, qu'un homme comme moi, qu'un homme de ma sorte méprise l'argent, et ne peut agir que par dévouement... Entendez-vous bien cela?

*Le baron.* Pardon, mille fois pardon!

*De Mordant.* A la bonne heure! n'en parlons plus!..... Ah, si, par exemple, j'avais un jour quelque besoin d'argent; vous savez que les gros joueurs ont parfois des veines de détresse, et dans ce cas là, je ne m'adresserai pas à d'autres qu'à mon ami le baron de Soussussous, bien certainement, et je vous en donne bien ma parole d'honneur!... Mais, moi! moi! mercenaire!... Véritablement vous êtes un être incompréhensible, et vous avez l'âme la plus roturière qui soit sous le ciel!... Adieu!... je vais aux nouvelles! car il me faut la matière d'un article quotidien, et, vous le savez, les nouvelles vont si vîte, qu'il faut les attraper à la course! (*Il sort.*)

## SCENE V.

VIEUGREDIN, LE BARON.

*Le baron.* Je crains que cet homme-là ne m'enfonce! ne me compromette!... C'est un bourreau d'argent!... Il n'y a pas à s'y fier!

*Vieugredin* (*confidentiellement*). Mefiez-vous-en!... Il a de l'honneur au fond; mais un joueur ne sait pas s'arrêter!

*Le baron.* C'est cela!

*Vieugredin* Prenez-y garde!

*Le baron.* Je commence à craindre que mon entreprise de journal ne tourne mal!

*Vieugredin.* Je ne vous l'ai pas conseillée!

*Le baron.* C'est vrai! Mais c'est sur vous seul

que je compte, et je le dis sincèrement, vous êtes mon seul espoir!

*Vieugredin.* Je suis à vous depuis long-temps!... Je suis l'homme dévoué à tous vos intérêts!

*Le baron.* Je compte sur vous; mais je crains votre délicatesse!

*Vieugredin.* Comment cela?

*Le baron.* Je sais que vous êtes modeste, et que jamais vous n'avez désiré la fortune!

*Vieugredin.* Par philosophie!

*Le baron.* Mais cependant, je ne puis rien exiger de votre amitié dans mon entreprise de journal, sans me croire engagé vis-à-vis de vous.

*Vieugredin.* Ne parlons pas de cela!

*Le baron.* Que puis-je, que dois-je faire à votre égard?

*Vieugredin* Ce que vous ferez sera toujours le mieux possible!

*Le baron.* Le rédacteur du journal, *le Royaliste par circonstance*, n'avait-il pas un traitement fixe de six mille francs?

*Vieugredin.* Cela peut être!

*Le baron.* Avec ou sans gratifications?

*Vieugredin.* C'est ce que j'ignore complètement!

*Le baron.* Si le même accord, cher ami, pouvait vous convenir?

*Vieugredin.* Fi donc! le bonheur de vous

être utile, de vous être agréable, me suffit!

*Le baron.* Ce serait abuser de votre amitié!...

*Vieugredin.* Point du tout!

*Le baron.* De votre délicatesse!

*Vieugredin.* En aucune manière!

*Le baron.* Puisque vous refusez ma proposition, veuillez m'indiquer une manière d'utiliser votre amitié pour moi, d'une façon qui ne vous soit pas à charge.

*Vieugredin.* Puisque vous voulez absolument me regarder comme indispensable au succès de vos nobles travaux littéraires, je m'y consacrerai de toute mon âme; et, cher ami, comme dans le fait j'aurai quelques frais à faire en dehors de mes habitudes ordinaires, je consentirai, quoiqu'avec une sensation qui répugne à ma sincère affection pour vous, à me couvrir des frais extraordinaires dans lesquels je pourrais me trouver entraîné, dans l'intérêt de votre entreprise.

*Le baron.* C'est parfaitement juste.

*Vieugredin.* J'aurai beaucoup d'écritures à faire, par exemple.

*Le baron.* Sans doute!

*Vieugredin.* Eh bien! j'aurais un secrétaire rédacteur, qui m'empêcherait de me priver des habitudes d'un monde auquel je tiens par les antécédens de toute ma vie!

*Le baron.* C'est parfaitement juste!... Ce serait une affaire.

*Vieugredin.* D'un millier d'écus, au plus!.... Mais il faut un homme capable; un littérateur expérimenté; vous en sentez la conséquence?

*Le baron.* Oui, cela peut aller dans les 2600, à 2800!

*Vieugredin.* Ensuite le monde qu'il faut suivre, pas à pas, dans notre nouvelle profession, m'imposera l'obligation de la voiture de remise! Il faut courir les ministères, les bureaux, fréquenter quelques sociétés politiques ou littéraires pour se fournir des matériaux successifs!... C'est une affaire de deux mille écus!

*Le baron (d'un ton de voix abattu).* De cinq à six mille francs!

*Vieugredin.* Ensuite viennent les intérêts de détail, qu'il faut étudier, qu'il faut ménager.... Ce n'est pas à votre table que l'on peut traiter à cœur ouvert de votre capacité politique et financière, et je crois indispensable à l'ensemble de votre opération de réunir assez souvent des hommes utiles, tels que chefs d'administration, littérateurs de profession, journalistes secondaires, gens plus serviables et plus essentiels, généralement parlant, que les capacités en hautes dignités, ou bien en hautes prétentions sociales.... Ne pensez-vous pas qu'une table d'une dixaine de couverts, une couple de fois par semaine, pour les faire mieux entrer dans vos plus intimes intérêts, vous serait plus profitable qu'une maison du luxe le plus apparent, tel que l'hôtel de Soussussous, mais où l'on ne pourrait convenablement faire valoir toutes vos facultés financières et politiques?

*Le baron.* Pensez-vous, Vieugredin, que cette dépense soit indispensable?

*Vieugredin.* A Dieu ne plaise que ma manière de voir soit votre règle de conduite!

*Le baron.* Les frais de l'entreprise sont déjà si considérables, le capital tellement exagéré, que des dépenses strictement utiles peuvent seules empêcher l'opération d'être désastreuse.

*Vieugredin.* Sans doute; mais il est une autre manière d'envisager la question financière.... Je ne vous l'ai pas caché.... Selon moi, vous avez fait une folie; mais aujourd'hui tâchez de tirer parti de votre propre faute; mettez les chances de votre côté : c'est la goutte d'huile qui manque à la machine la mieux organisée et la plus complète. Ne le négligez pas, ce dernier sacrifice, cher ami, j'ose vous en prier, et dans votre unique intérêt.

*Le baron.* Savez-vous, Vieugredin, que vous me surprenez souvent... Vous ne faites pas d'affaires, mais vous les savez.... Vous les envisagez comme si vous aviez fait la banque toute votre vie. Mais, quel bruit! Le feu serait-il à la maison?

*Vieugredin.* Je ne sais ce qui se passe; mais ces clameurs rappellent les premiers temps de notre glorieuse révolution de 1789.

*Le baron.* Plût au ciel! pourvu que cela se passât dans la maison voisine.

## SCÈNE VI.

LE BARON, VIEUGREDIN, L'ENCAISSE (*entre effaré*).

*Le baron* (*inquiet*). Eh bien, l'Encaisse, qu'est-il arrivé?

*L'encaisse.* L'esprit de désordre est dans vos bureaux! tout est sens dessus dessous! Vos jeunes messieurs de quinze à seize ans sont maîtres du terrain! J'ai voulu mettre le holà; mais les tabourets, les écritoires, les règles, les registres volaient de telle manière, qu'après bien des menaces et plusieurs contusions de ma part, je viens, monsieur le baron, vous supplier de venir mettre chez vous le bon ordre, si vous pouvez.

*Le baron.* L'Encaisse, vous n'avez pas parlé

probablement à cette jeunesse le langage de la prudence et de la raison; elle l'aurait entendu!

*L'Encaisse*. Venez-y voir, ils sont fous; les petits sont contre les grands, et furibonds à qui mieux mieux : je ne sais qui l'emportera dans cette lutte d'adresse et d'agilité.

*Le baron*. Héroïque jeunesse!

*L'Encaisse*. Héroïque tant qu'il vous plaira, mais aux contusions près. (*Il se frotte la hanche*).

*Le baron*. L'Encaisse, vous ne comprenez pas la jeunesse de ce siècle; vous ne savez pas la prendre : laissez-moi faire, je vais la raisonner.

*L'Encaisse*. C'est bel et bon; mais méfiez-vous des tabourets et des écritoires.

(*Au moment où le baron va sortir, le bruit redouble, et il s'arrête, intimidé.*)

*Vieugredin* (*le retenant*). Ne vous exposez pas, cher ami, ne compromettez pas votre omnipotence : je vais leur porter des paroles de paix.

*Le baron*. Allez me remplacer, cher ami, puisque vous le voulez absolument; je vous donne carte blanche.

## SCÈNE VII.

LE BARON, L'ENCAISSE.

*Le baron.* Et quels sont donc, l'Encaisse, les motifs de rumeur de cette belliqueuse jeunesse?

*L'Encaisse.* Je l'ignore : ils sont deux partis; celui des ganaches, ce sont les grands; et celui des gamins, ce sont les petits.... Ils parlent de marionettes et de l'Opéra; ils parlent de priviléges avec fureur.... d'une M^lle^ Taglioni avec enthousiasme; et tout ce que j'en ai pu savoir, c'est que de la mésintelligence ils en sont venus aux voies de fait, et que votre nom, que j'ai fait retentir de toute mon omnipotence de poumons, n'a pas produit le moindre effet sur cette jeunesse évaporée et turbulente.

*Le baron.* Cela m'étonne, car j'ai fait tout pour les jeunes gens, et sans doute ils doivent en être reconnaissans!

*L'Encaisse.* Vous faites trop d'honneur à ces marmousets de les traiter comme des hommes raisonnables.

*Le baron.* Vous radotez, mon cher ami; c'est

la peur qui vous fait raisonner de la sorte, et calomnier la jeunesse d'à présent, qui, je dois en convenir, en sait plus que nous.

*L'Encaisse*. Pas en fait de banque.

*Le baron*. Cela peut être.

*L'Encaisse*. Et l'introduction de ces petits cerveaux brûlés dans vos bureaux, l'intervention de ces petits messieurs dans votre comptabilité, ne peuvent, certes, rehausser votre crédit!

*Le baron* (*avec ironie et supériorité*). Vous croyez cela?

*L'Encaisse*. Oui, monsieur le baron; et je pense que la révolution qui vient de s'opérer dans vos bureaux est une catastrophe pour votre crédit.

*Le baron*. Il est européen, mon pauvre ami! Vous n'y comprenez rien.

*L'Encaisse*. J'y comprends que votre crédit sera déprécié dans les quatre parties du monde.

*Le baron*. Et comment cela, s'il vous plaît?

*L'Encaisse*. Comment cela?... Quand on saura le désordre de vos bureaux.... la spoliation de vos registres... la désorganisation de votre comptabilité... la révolution qui s'est opérée dans vos idées de finance et d'économie!... que deviendra votre crédit? Je vous le demande?

*Le baron* (*inquiet*). Dans le fait, cela pourrait altérer la confiance publique!

*L'Encaisse*. Je ne voudrais pas avec trois millions couvrir le déficit que vos capitaux ou votre crédit éprouveront d'une telle catastrophe !

*Le baron*. Trois millions !... L'Encaisse !

*L'Encaisse*. Et quelle confiance voulez-vous que vos correspondans puissent conserver dans une maison de banque au pillage ?

*Le baron* (*embarrassé*). Cela ne se saura pas !

*L'Encaisse*. Les bruits sinistres se propagent comme la calomnie ; et bien des maisons de banque dont j'ai prédit, dont j'ai calculé, dont j'ai liquidé les désastres et la ruine, les ont moins mérités que vous !

*Le baron*. L'Encaisse ! L'Encaisse ! Savez vous que vous m'inquiétez ! Je suis populaire ; j'aime à l'être sans doute !... mais je suis banquier avant tout !

*L'Encaisse* (*ravi*). Ah ! je retrouve monsieur le baron !...

*Le baron*. Que faut-il faire ? Que dois-je faire ?.. Trois millions !... L'Encaisse ?... Quoi ! je compromettrais mes capitaux pour des rêveries qui n'ont probablement pas le sens commun ? Que faut-il faire ?... Que faut-il que je fasse ?

*L'Encaisse*. Renvoyez à leur école ces petits génies précoces et supérieurs, qui ne peuvent qu'anéantir votre renommée financière, et soyez tout simplement, et politique à part, le premier banquier du monde!

*Le baron.* Mais, l'Encaisse, ce sont les fils de mes électeurs! des électeurs de mon quartier! Et mon influence électorale, que deviendrait-elle?... Vous ne savez peut-être pas, l'Encaisse, qu'on veut me faire ministre des finances!... Quelle perspective!...

*L'Encaisse.* Eh! soyez ministre de vos propres finances! Dirigez-les sans charte, à vous seul, et ne vous mêlez pas des affaires ou des calamités publiques!

*Le baron.* C'est vrai; mais comment faire pour arrêter le désordre et les propos?

*L'Encaisse.* Rien n'est plus facile; appelez la gendarmerie!

*Le baron.* La gendarmerie! Oh ciel! que me conseillez-vous, l'Encaisse?

*L'Encaisse.* D'être maître chez vous, d'abord, et d'en bannir la révolte le plus tôt possible.

*Le baron.* Et vous pensez, l'Encaisse, que mon crédit peut être ébranlé par l'étourderie de ces petits vauriens?

*L'Encaisse.* C'est mon avis: et j'en ai de l'expérience, en fait de banqueroute!

*Le baron* (*dans la plus grande agitation*). Je ne balance plus; je ne puis fléchir, et mon crédit ne peut s'abaisser devant aucune considération politique!

## SCENE VII.

LE BARON, L'ENCAISSE, VIEUGREDIN.

*Le baron* (*allant au devant de Vieugredin*). Eh bien, cher ami, ma résolution est prise : mais qu'avez-vous?

*Vieugredin.* Peu de chose!

*Le baron.* Mais encore? Vous pâlissez!

*Vieugredin.* Heim!... Un projectile m'a frappé sur l'os de la jambe!... Je serai bien tout à l'heure, et je vous raconterai ma négociation!

*Le baron* (*avec étonnement*). Un projectile?

*Vieugredin.* Un quinquet lancé par un des combattans, est venu, comme la foudre, s'amortir sur mon tibia!

*Le baron.* Comment, ces petits malheureux ont blessé le meilleur de mes amis!

*Vieugredin.* Oh! n'insultez pas à ces jeunes héros pleins de grâce et de sensibilité!

*Le baron.* Expliquez-vous, par amitié, si vous en avez la force!

*Vieugredin* (*d'une voix altérée par la souffrance*). Chargé... de vos intérêts... je me... présente... et... je me crois au temps de l'Iliade!... Et... avant de parler, je reste en admiration!... Je demeure en admiration devant l'étonnante tactique et la froide intrépidité des jeunes athlètes!... J'étais en extase, véritablement en extase, lorsqu'un projectile dirigé contre M. Nestor Flandrin, par le jeune et robuste Mutius Criquet, vint s'amortir sur mon tibia, c'est-à-dire sur l'os de ma jambe droite, de la manière la plus douloureuse!... On m'aperçoit souffrant, et le combat cesse aussitôt!... On reconnaît l'ami du baron de Soussussous; on le secoure, on le console, et finalement, on lui demande le sujet de sa mission, avec une fraternité touchante!... Tout ému, je réponds que je viens porter des paroles de concorde, afin de concilier tous les intérêts!... On me dit que c'est parfaitement juste!... On se réunit, on cause amicalement, tandis que je mets de l'eau et du sel sur mon écorchure!... Et à peine mon pansement effectué, on m'apporte le résultat de la délibération des deux parties belligérantes, et presque réconciliées!

*Le baron.* Et quelles sont les conclusions de ces petits héros de comptoir, s'il vous plaît?

*Vieugredin.* D'abord on a décidé que les spectacles seraient tirés au sort; et je n'ai pas trouvé grand inconvénient pour vous à fléchir sur ce point!

*Le baron.* Ainsi, tout est arrangé!

*Vieugredin.* Vos jeunes gens se trouvant, disent-ils, trop rigoureusement dirigés dans vos bureaux, ne veulent plus reconnaître la suprématie de notre cher l'Encaisse, et demandent que la place de votre caissier soit désormais temporaire, et désignée par eux et entre eux, à la pluralité des voix, et ensuite successivement, et à tour de rôle, sans distinction d'âge ou de capacité, c'est-à-dire sans aucun privilége! Enfin, disent-ils, selon l'ordre naturel du droit commun!

*L'Encaisse.* C'est un peu fort, celui-là!

*Vieugredin.* A ces conditions, cette jeunesse vous sera dévouée et vous assistera, et seulement alors, dans toutes vos entreprises littéraires!

*Le baron* (*hors de lui*). Et vous pensez que le baron de Soussussous souscrira bénévolement à toutes les impertinences de ces petits drôles!

*Vieugredin.* Je ne les en ai pas flattés!

*Le baron.* Je garderai l'Encaisse, dût-on m'appeler jésuite!

*Vieugredin.* Je conçois cela parfaitement!

*Le baron.* On ne fait pas la banque avec des balivernes!

*L'Encaisse.* C'est fondamental, cette vérité là!

*Le baron.* Et pour mon caissier, je veux un homme du vieux temps! Et je me moque du qu'en dira-t-on!

*L'Encaisse.* C'est cela!

*Vieugredin.* Je conçois votre détermination!

*Le baron.* Et je ne ferai certainement pas marcher ma banque à la pluralité des voix!

*Vieugredin.* C'est fort naturel à penser!

*Le baron.* Ils veulent que je donne la clé de mon coffre-fort au balottage?

*Vieugredin.* Cela n'a pas le sens commun!

*Le baron.* Non, de par tous les diables, et l'Encaisse restera mon caissier, fût-il jésuite, fût-il mouchard même!... En fait de banque, les corps délibérans à tous les diables!

*Vieugredin.* J'abonde dans votre sens!

*Le baron.* Mais comment m'y prendre avec ces petits garnemens?

*L'Encaisse.* Tout simplement! faites venir la garde, et faites mettre tous ces petits héros au violon!

*Le baron.* Des uniformes, l'Encaisse!.... des uniformes à l'hôtel de Soussussous! et ma popularité?

*Vieugredin.* C'est juste! parfaitement juste!

il faut ménager la politique en même temps que sa dignité!

*Le baron.* Ma position est délicate!

*Vieugredin.* Ecoutez!.... Voulez-vous me permettre une idée!... Point de troupe soldée! vous avez raison!..... mais une garde locative!.... Enrégimentez votre monde au nom de l'ordre public! et rétablissez l'équilibre de l'autorité!.... mais par des baïonnettes citoyennes!

*Le baron.* C'est véritablement une idée!

*L'Encaisse.* C'est du neuf.

*Vieugredin.* Vous avez peut-être conservé votre ancien habit de capitaine de la garde nationale!

*Le baron.* Il est mettable encore!

*Vieugredin.* Eh bien! nous vous ferons colonel, si vous l'aimez mieux! M. de Mordant, s'il est disponible, sera capitaine; je serai son lieutenant.

*Le baron.* Toujours modeste!

*Vieugredin.* M. l'Encaisse sera notre sous-lieutenant; Lafrance, en cas de besoin, porte-drapeau.

*Le baron.* C'est cela!

*Vieugredin.* La Fleur sera sergent, Fribourg caporal, Grippe-Soleil tambour, et vous serez une puissance irréprochable!

*Le baron* (*de l'air le plus belliqueux*). Vous me montez la tête! Mes bons amis, mes chers camarades, en avant!..... marche. (*Ils sortent au pas de charge.*)

# ACTE XII.

## SCÈNE PREMIÈRE.

LE BARON, DE MORDANT.

*De Mordant.* Eh bien! que s'est-il donc passé?... Notre aimable jeunesse a, m'a-t-on dit, fait merveille!.....

*Le baron.* On parle déjà de l'échauffourée de ce matin?

*De Mordant.* On ne parle pas d'autre chose.

*Le baron.* Tant pis! On s'est battu d'abord : on s'est entendu bientôt, et plus tard nous avons capitulé!

*De Mordant.* Avec les honneurs de la guerre, j'en suis bien sûr.

*Le baron.* Je le crois; mais non sans concessions.

*De Mordant.* On me parlait de révolte, d'insurrection,

*Le baron.* Ce n'est pas une révolte, une insurrection! c'est une véritable révolution!

*De Mordant.* Racontez-moi donc cela!

*Le baron.* Voici comment la chose s'est passée!..... Après votre entretien avec nos jeunes gens, ils se sont disputés dans mes bureaux.....

*De Mordant.* Véritablement?

*Le baron.* Au sujet de la distribution des spectacles;..... et l'Encaisse, par des raisons d'abord, et plus tard par des menaces, n'a fait qu'accroître l'exaspération!

*De Mordant.* C'est naturel; on n'aime pas les menaces!....

*Le baron.* Il est venu se plaindre et me demander du renfort; et l'ami Vieugredin a cru, par amitié, devoir, en mon nom, porter des paroles de conciliation.

*De Mordant.* Qu'a-t-il obtenu?

*Le baron.* Après une forte contusion de sa part, de regrets et complimens des parties belligérantes, il est revenu clopin-clopant, d'une vigoureuse atteinte à la jambe, me raconter le résultat de la négociation! « Un seul instant, m'a-t-il dit, les a réconciliés;..... chose étonnante! et prodigieux résultat de leur intelligence prématurée!..... L'intérêt commun les a réunis de fait et de sentimens!..... Ils ont demandé, c'était l'objet du tumulte, la répartition des spectacles à la pluralité des voix, et Vieugredin a cru devoir, en mon nom, céder et souscrire au vœu de la masse.

*De Mordant.* Et cela me paraît tout à fait dans l'esprit du siècle!

*Le baron.* Alors, car ce n'est pas tout, nos jeunes gens ont demandé l'expulsion de l'Encaisse, en élevant en outre la prétention de le remplacer, d'abord à la pluralité des suffrages, puis au sort, et à tour de rôle, à perpétuité, comme caissier de ma maison de banque.

*De Mordant.* C'est absolument dans les principes.

*Le baron.* Vous sentez que j'ai résisté.

*De Mordant.* Pourquoi cela?

*Le baron.* Pourquoi cela! comment...... pourquoi cela?..... pour être maître à la maison.

*De Mordant.* Ecoutez..... il faut suivre le siècle et régner par la confiance.

*Le baron.* Pas en fait de coffre-fort, s'il vous plaît!

*De Mordant.* Vous êtes esclave de vos écus!

*Le baron.* Bref donc, j'assemble mon conseil, et sur l'avis de Vieugredin, j'organise une garde locative; je reprends mon vieil habit de capitaine de la garde nationale, et je marche à l'ennemi!

*De Mordant* Je vous reconnais bien là!....

*Le baron.* Mais une barricade de coffre-fort, tabourets, secrétaires, de banquettes et de cartons rend l'approche difficile. Je fais halte, et j'adresse des remontrances en pure perte. Je menace; l'exaspération est au comble!..... Je fais alors avancer ma pompe à incendie; Fribourg, mon suisse, la dirige; et après trois sommations faites à haute et intelligible voix, je commande feu!...

*De Mordant.* Quelle barbarie!.....

*Le baron.* Et un déluge d'eau glaciale jaillit avec impétuosité sur nos jeunes braves, qui la reçoivent avec un sang-froid sublime, et, supérieurs à l'humidité de l'action, ils demandent la parole!.... Je les crois subjugués, et j'arrête le feu, ou, pour mieux dire, l'action du liquide..... Mais non, ce n'était pas de la soumission, mais des menaces véritablement machiavéliques! « Nous « périrons! s'écrièrent-ils; mais votre comptabi- « lité va périr avec nous!.... Nous serons noyés! « soit; mais votre comptabilité ne sera que de la « bouillie, et nous périrons ensemble! »

*De Mordant.* C'est tout à la fois antique et dramatique!

*Le baron.* La situation était délicate. Vous

sentez ce que ce serait que ma comptabilité au bain-marie, ah! ah!....... c'était, je puis le dire, des millions compromis!..... Je ne savais comment allier la dignité de mon caractère de financier et la sécurité de mes papiers, lorsque La Fleur, sergent de ma compagnie improvisée, vieux soldat de la grande armée, vient m'offrir un expédient, se charge de faire entendre raison à ma jeunesse exaspérée, et j'adopte cette idée militaire et conciliatrice!..... La vue d'un ancien brave calme nos assiégés; ils reçoivent pacifiquement mon plénipotentiaire. La Fleur fait sa commission avec intelligence, et revient bientôt me proposer des préliminaires.

*De Mordant.* C'est diplomatique.

*Le baron.* Il vient me dire, pour première base d'un arrangement à l'amiable et par esprit de conciliation, que nos jeunes combattans renonçaient à l'emploi de caissier de ma maison de banque à perpétuité; mais en échange de l'expulsion de l'Encaisse, dont les manières acerbes tendaient à les humilier, et qui s'était dépopularisé dans les deux partis.....

*De Mordant.* Vous avez accepté, sans doute, avec enthousiasme cette fois-là?

*Le baron.* J'ai refusé net.

*De Mordant.* Quelle imprudence!

*Le baron.* Bref, La Fleur retourne, et revient bientôt avec un demi-succès; il a trouvé les esprits irrités, et a fini par accepter, sauf ratification de ma part, le subterfuge que voici....

*De Mordant.* Vous avez fait une bonne affaire, vous n'en faites pas d'autres!

*Le baron.* C'est que l'Encaisse perdrait définitivement son emploi, mais qu'il sera remplacé par Lafrance, dont les manières plus douces, plus modernes et bienveillantes, convenaient mieux à ma jeune bureaucratie... Le sacrifice de l'Encaisse m'est pénible, mais je le fais à la nécessité.

*De Mordant.* C'est tout simple et fort heureux! Cet homme vous captivait.

*Le baron.* Il est probe.

*De Mordant.* Ou brutal.

*Le baron.* Il est brusque, mais scrupuleux.

*De Mordant.* Je l'ai toujours cru jésuite.

*Le baron.* Et pourquoi donc? à peine va-t-il à la messe!

*De Mordant.* Pour cacher son jeu; oui, pour endormir son monde! Tenez, quand un homme prêche à tout moment l'exactitude, l'ordre, la bonne foi...... cela ne promet rien de bon...... Il faut se méfier de ces hommes qui sont toujours à cheval sur leur probité; je ne connais rien de pis que ces gens-là.

*Le baron*. Enfin, j'en ai fait le sacrifice!

*De Mordant*. Dans le siècle des concessions, il faut hurler avec les loups, voyez-vous! Il n'y a que ce moyen-là de se tirer d'affaire!

## SCÈNE II.

LE BARON, DE MORDANT, LA BARONNE.

*La baronne*. Qu'est-ce donc? qu'est-il arrivé? Quel bouleversement dans cet hôtel!

*De Mordant*. Dites quel triomphe!.... madame.

*La baronne*. Expliquez-moi ce désordre.

*De Mordant*. Le préjugé de l'âge a disparu de céans!

*Le baron*. Oui, madame, pendant votre absence, une révolution complète s'est opérée chez nous le plus heureusement du monde, dans l'espace de trois petits quarts d'heure.

*La baronne*. C'est bel et bon; mais tout est sens dessus-dessous dans cet hôtel!......

*De Mordant*. Oui, mais pour le triomphe des principes.

*Le baron*. J'ai rajeuni mes bureaux, mais non sans résistance.

*La baronne*. C'est fort bien; mais pourquoi ce désordre?

*Le baron.* Ecoutez donc, madame, on ne fait pas une révolution sans qu'il y ait quelques vîtres de cassés, et cette jeunesse ne fait pas absolument ce qu'on voudrait.

*La baronne.* Et que ne parliez-vous à vos jeunes gens le langage de la raison ?

*Le baron.* Eh ! madame, on leur a parlé le langage de la raison. Vieugredin, l'Encaisse et moi, nous leur avons parlé le langage de la raison ; mais inutilement, parce que, madame, il n'est pires sourds que ceux qui ne veulent pas entendre.

*La baronne.* Oui, parce qu'on ne veut plus de vos vieux proverbes.

*De Mordant.* Les proverbes ne sont plus la vérité des nations ; il faut se mettre cela dans la tête.

*La baronne.* Vous ne sentez pas, vous ne voulez pas sentir que vous vivez dans une ère nouvelle.

*Le baron.* J'en conviens, madame, je ne suis pas de votre force. Du reste, vous pourrez faire usage de votre influence ; car je n'ai pas voulu, sans votre avis, souscrire à toutes les prétentions de l'aimable jeunesse.

*La baronne.* Et quelles sont-elles ces prétentions ?

*Le baron.* Ils pensent, et je suis assez de leur avis, que nos armes, notre livrée et les mots *hôtel de Soussussous*, écrits en lettres d'or sur notre porte cochère, ne sont plus ce qu'ils appellent en harmonie avec l'esprit du siècle.

*La baronne* (*avec humeur*). Et que veulent-ils?

*Le baron.* Qu'on les supprime tout simplement!

*La baronne.* Et qu'avez-vous répondu?

*Le baron.* J'ai répondu qu'effectivement toute marque distinctive ne me semblait pas populaire, et je leur ai demandé d'en référer à votre jugement; ils attendent votre décision, qui ne m'aurait pas paru douteuse, sans l'altercation de ce matin sur le choix définitif de nos armoiries.

*La baronne.* Et vous avez dit, monsieur, que toutes marques distinctives vous paraissaient peu populaires.

*Le baron.* Sans doute.

*La baronne.* Comment, vous voulez supposer qu'il est impopulaire que la fille unique du duc Merluchet, mort au champ d'honneur, à l'instant d'être maréchal d'empire et prince de Transylvanie, reçoive quelque distinction nationale et particulière, en raison de l'héroïsme et des exploits de son père!

*Le baron.* Je ne prétends pas dire....

*La baronne.* Et vous voudriez sans doute, monsieur, que je fusse M$^{me}$ Soussussous tout simplement et sans aucun correctif. Ce n'est certes pas ce qu'a voulu mon contrat de mariage, que je me rappellerai toujours assez amèrement, sans cet incident, je vous le proteste.

*De Mordant.* Il y a des cas exceptionnels! La noblesse nouvelle n'est qu'un hommage à la grande armée!

*La baronne.* Toute la terre doit être fière de nos victoires!

*Le baron.* Oui, mais permettez-moi de vous observer que les lumières ont fait de furieux progrès depuis cette époque; et des armoiries de Buonaparte ou de celles de la vieille chevalerie, je donnerais aujourd'hui le choix pour une épingle.

*La baronne.* Vous confondez, monsieur, les temps de l'arbitraire et de la gloire.

*Le baron.* Eh bien! madame, faites là-dessus ce que vous jugerez pour le mieux, traitez avec votre jeunesse, je souhaite que vous la trouviez docile!

*La baronne.* Ainsi, vous voulez que je paraisse en public sans livrée, sans écusson sur ma voiture.

*Le baron.* Je ne veux rien!

*La baronne.* Vous voudrez peut-être bientôt que je sorte en fiacre, avec vos millions?

*Le baron.* Je ne veux rien de tout cela, je vous assure !

*La baronne.* Vous avez des idées que vous croyez libérales; elles ne sont que vulgaires.

*De Mordant.* Allons, baronne, ne vous échauffez pas. Allons faire entendre raison à votre jeunesse, et je vous conterai toute l'aventure héroïque de tantôt.

*La baronne.* Quelle destinée pour une âme fière!

*De Mordant.* Convenez, baron, que vous êtes heureux que je passe ma vie à entretenir la paix dans votre ménage.

*Le baron.* Grand merci!

## SCÈNE III.

LE BARON, seul.

Pauvre baron de Soussussous, où t'es-tu fourré avec tes millions! Où diable veulent-ils nous mener avec leurs idées libérales, leur grande armée, le progrès des lumières et leur jeunesse perfectionnée!... Où me suis-je fourré ?..... J'ai mis le pied dans le bourbier, me voilà journaliste! homme d'État tout à l'heure!... Que va devenir ma banque ?.. Maudite ambition qu'on m'a fourré dans l'esprit. Vieugredin me l'avait bien dit, c'est la plus grande faute qu'une tête financière ait pu se mettre dans l'imagination, et je ne suis déjà pas à m'en mordre les pouces! Cet homme a plus de sens qu'eux tous!... Mais tâchons d'étudier mon feuilleton sur mon échauffourée d'aujourd'hui. (*Il écrit.*) « Pour éviter les qu'en « dira-t-on, nous croyons faire plaisir au public « en lui racontant ce qui s'est passé dans les bu- « reaux de son hôtel de la rue du Mont-Blanc, « n° 109. La maison de banque avait besoin d'ê- « tre rajeunie. L'esprit de routine devait suivre « le siècle et disparaître; il a disparu! D'heu- « reux changemens se sont opérés dans le per- « sonnel de ses bureaux; le principal caissier a « été admis à faire valoir ses droits à la retraite!.. « Les bureaux seront rajeunis, sinon renouve- « lés.... » Tout ce que je dis là n'a pas le sens commun; mais il faut bien marcher avec son siècle pour être l'idole de ses contemporains. (*Il continue d'écrire.*) « Il est impossible que le « crédit de la maison Soussussous ne reçoive pas « une immense extension de cette heureuse ré- « forme. » Ce n'est pas mal.

## SCÈNE IV.

LE BARON, L'ENCAISSE.

*L'Encaisse.* M. le baron!...

*Le baron.* Eh bien! mon pauvre l'Encaisse, nous voilà donc forcés de nous séparer?

*L'Encaisse.* Je viens prendre congé de vous, puisque vous en ordonnez ainsi.

*Le baron.* Hélas! c'est avec bien du regret, mon pauvre ami! Je ne vous abandonne pas, l'Encaisse, soyez-en bien sûr. Ce sont les circonstances qui me forcent de vous éloigner. Je sais que je ne puis que perdre à vous quitter!

*L'Encaisse.* Il faut donc se résigner à son sort?...

*Le baron.* Il faut, hélas! suivre le temps présent. C'est la nécessité qui m'oblige à ce sacrifice, et je le disais tout à l'heure : « Je regrette ce « pauvre l'Encaisse du fond de mon cœur. »

*L'Encaisse.* Après avoir mis votre fortune en si bel état...

*Le baron.* Beaucoup d'ordre.

*L'Encaisse.* Après avoir consolidé votre crédit par trente années d'exactitude.

*Le baron.* Sans doute, et je ne dis pas non.

*L'Encaisse.* Me sacrifier à l'esprit d'un jour!

*Le baron.* Que puis-je faire à cela? nous ne sommes plus dans le siècle des résistances. On met aujourd'hui de l'honneur à céder aux clameurs soit-disant publiques; il faut bien suivre le cours, la progression des idées.

*L'Encaisse.* Même en fait de banque?

*Le baron.* Ah! mon pauvre ami, je crains bien, soit dit entre nous, que cela n'en vienne jusque-là.

*L'Encaisse.* Ainsi, M. le baron m'abandonne; le seul de mes financiers dont j'avais conduit la fortune à si bon port!.. J'en ai conduit honorablement jusqu'à leur faillite ou leur décès. J'espérais finir avec vous une vie honorable et laborieuse; mais l'enfance me chasse, et me réduit à terminer mes jours dans l'oisiveté, que je redoute plus cent fois que la mort!...

*Le baron.* C'est un grand déplaisir pour moi d'éloigner de mes affaires un serviteur si fidèle, je vous assure. Mais c'est une grande consolation pour moi, de savoir, en me séparant de vous, que je vous ai mis dans l'aisance pour le reste de vos jours!.. Qu'est-ce que vous avez mis de côté, l'Encaisse, dites-moi cela franchement?

*L'Encaisse.* J'ai le strict nécessaire.

*Le baron.* Je ne me trompe guère dans l'appréciation des petites fortunes!

*L'Encaisse.* Trente années de travail et d'une stricte économie m'ont mis au-dessus des premiers besoins de la vie!

*Le baron.* L'Encaisse, l'Encaisse, je sais mieux votre affaire que vous ne pensez! Vous n'êtes pas mal; vous êtes bien dans vos affaires.

*L'Encaisse.* J'ai le stricte nécessaire et quelque chose avec; voilà tout!

*Le baron.* L'encaisse, vous avez 15,000 livres de rentes.

*L'encaisse.* Je les aurais, si M. le baron me les complétait.

*Le baron.* L'Encaisse, vous avez vos quinze sacs de mille francs à manger par an, et l'on n'est pas mal avec cela.

*L'Encaisse.* M$^{me}$ l'Encaisse et moi, foi d'homme d'honneur, M. le baron, nous n'avons pas 10,000 francs pour mettre ensemble les deux bouts de l'année!

*Le baron.* Eh bien! mon cher, c'est assez pour le bonheur.

*L'Encaisse.* Ah! M. le baron, quand on a passé sa vie à manier des millions, la triste existence que celle du pot-au-feu!

*Le baron.* En vous retirant des affaires, vous menerez, je m'en flatte, une vie bien plus heureuse que la mienne.

*L'Encaisse.* Il est vrai, M. le baron, qu'il n'est point de fortune quand on n'est pas maître à la maison.

*Le baron.* Ecoutez, l'Encaisse, vous êtes économe ! Vous n'habiterez pas la Chaussée-d'Antin, mais le quartier du Luxembourg. Vous y trouverez bon air; peu, mais de vrais amis, et vous y menerez une vie plus tranquille, et sans doute bien plus heureuse que celle à laquelle mes millions m'ont probablement condamné pour le reste de mes jours.

## SCÈNE V.

LE BARON, L'ENCAISSE, FRIBOURG.

*Fribourg.* M. le paron, v'là que j'fiens pour un certificat d'honnête homme et pour faire mes adieux à Monsir le paron.

*Le baron.* Mon pauvre Fribourg! mon pauvre Fribourg! nous avons été battus.

*Fribourg.* C'est pas ma faute.

*Le baron.* Il faut prendre son mal en patience !

*Fribourg.* Il faut donc que je quitte ma poste pour avoir fait ma defoir.

*Le baron.* Ce n'est pas le tout de faire son devoir dans le temps qui court; il faut faire les choses à propos.

*Fribourg*. Est-ce que j'ai pas fait ma defoir? Est-ce que j'ai pas fermé la porte au pauvre monde? Est-ce que j'ai pas fait ponne mine aux gros messirs? Est-ce que j'ai pas pien fait la consigne?

*Le baron*. Je ne dis pas non!

*Fribourg*. Est-ce que ce matin encore, j'ai pas reçu deux pons coups de canne?... Est-ce que j'ai pas, tantôt, arrosé les petits messieurs choliment?

*Le baron*. C'est bel et bon; mais dans le temps qui court, il faut du discernement, et ne pas y aller à tour de bras!

*Fribourg*. C'èst toujours bien dur pour un bauvre diaple que v'la sur le bavé de Baris, pour avoir été fidèle.

*Le baron*. Console-toi, mon ami, tu n'es pas le seul malheureux.

*Fribourg*. Mais, qu'est-ce qui gardera l'hôdel de Soussussous?

*Le baron*. Ecoute, nous ne voulons plus de suisse à moustaches. Nous ne donnons plus dans les colifichets!

*Fribourg*. Encore si monsieur le paron foulait me donner un petit gratification pour retourner au pays!

*Le baron.* Tu es honnête homme, n'est-ce pas Fribourg?

*Fribourg.* Oui, je puis dire monzier le paron.

*Le baron.* Eh bien! avec de la probité on ne manque jamais. C'est la fortune des honnêtes gens! Mais l'heure me presse... Adieu, mon pauvre l'Encaisse!... (*Il lui serre la main, la larme à l'œil, et sort précipitamment.*)

## SCÈNE VI.

ENCAISSE, FRIBOURG.

*L'Encaisse.* Eh bien! mon pauvre Fribourg?

*Fribourg.* Eh bien, monzier l'Engaisse?

*L'Encaisse.* Voilà ce que c'est que d'être fidèle!

*Fribourg.* C'est pas ma faute d'être de la canton de Fribourg.

*L'Encaisse.* Le métier d'honnête homme devient chaque jour plus ingrat.

*Fribourg.* C'est bien frai! gn'ia que de l'eau à boire!

*L'Encaisse.* Nous avons bien servi, on nous met à la porte!

*Fribourg.* En déhors!

*L'Encaisse.* Voilà, Fribourg, la récompense de tant d'années de fidélité.

*Fribourg.* Et mé v'la sur le bavé.

*L'Encaisse.* N'est-ce pas une honte à M. le baron de renvoyer l'instrument de sa fortune, moi qui, soit dit entre nous, suis la véritable cause de toute sa prospérité financière?

*Fribourg.* Ecoutez-moi qué j'fous dise : Monsi le paron est bien prave homme, qui ne fait pas de mal à un queuqu'zun pour son plaisir; gn'ia que par intérêt, voyez-fous, et, s'il nous chasse, monzi l'Engaisse, ce n'est pas za faute; mais c'est qu'il zia queuque chose à gagner!

*L'Encaisse.* Je connais bien les financiers, mon pauvre Fribourg, ils ne sont pas plus méchans que d'autres; mais on ne veut pas y perdre, voilà tout.

*Fribourg.* Ah! monzi l'Engaisse, vous êtes heureux! vous êtes honnête homme!

*L'Encaisse.* C'est mon métier.

*Fribourg.* Mais fous n'êtes pas pauvre!

*L'Encaisse.* Je ne suis pas riche.

*Fribourg.* Et fous avez mis du foin dans vos pottes!

*L'Encaisse.* J'ai fait des économies à force de privations! Il fallait faire de même!

*Fribourg.* Jé mangeais tout mon gage.

*L'Encaisse.* Vous en avez bu la meilleure partie!

*Fribourg.* Je vendais du vin. Il fallait bien trinquer, pour afoir de la pratique!

*L'Encaisse.* Je te plains, mon pauvre garçon!

*Fribourg.* Fous aurez bésoin d'un qu'eu-qu'zun pour fous servir, est-ce bas?

*L'Encaisse.* M.me l'Encaisse a sa servante, et je prendrai quelque jeune garçon pour menér peut-être un méchant cabriolet.

*Fribourg.* Eh bien! pourquoi pas moi : je ne retournerai pas au pays...

*L'Encaisse.* Tu es trop grand pour un jokei.

*Fribourg.* Je couperai mes moustaches, et on ne s'en apercevra pas.

*L'Encaisse.* Eh bien! mon pauvre garçon, si tu ne fais pas trop peur à M.me l'Encaisse, je veux bien te prendre à mon service.

*Fribourg.* Et je vous serfirai comme monsir le paron, ni plus ni moins.

*L'Encaisse.* Viens, mon pauvre Fribourg, quittons cette maison ingrate, et allons ensemble planter mes choux, et nous consoler de l'injustice des hommes!

*Fribourg.* Nous quitterons c't-endroit où ne faut pas être d'shonnêtes gens tout à fait!

*L'Encaisse.* Et nous émigrerons à Passy.

*Fribourg.* Je vous suiferai à l'autre bout du monde.

## SCENE VII.

L'ENCAISSE, FRIBOURG, LA FLEUR, LAFRANCE.

*Lafrance* (*à l'Encaisse*). Mon cher monsieur l'Encaisse, vous me voyez véritablement désespéré de votre infortune!

*L'Encaisse*. Vous avez de quoi vous en consoler.

*La Fleur* (*à Fribourg*). Eh bien! mon pauvre Fribourg, te v'la donc renvoyé?

*Fribourg*. Eh bien! monsir La Fleur, vous fla donc maître-d'hôtel?

*La Fleur*. Pas encore tout à fait!

*La France* (*à l'Encaisse*). Je ne l'ai pas fait exprès, je vous en donne bien ma parole!

*L'Encaisse*. C'est bien consolant pour moi!

*Fribourg*. Et me fla sur le bavé de Baris.

*La Fleur*. Qu'est-ce qui pouvait s'attendre à ces choses-là, Fribourg?

*Fribourg*. Je fous le demande?

*La France* (*à l'Encaisse*). Pouvais-je prévoir que ces jeunes messieurs me porteraient tant d'intérêt?

*L'Encaisse*. Je n'en suis pas dupe! Vous leur avez donné tant de bonbons et de confitures de la desserte de M. le baron, que vous deviez vous attendre à la reconnaissance de ces marmouzets de comptabilité!

*Lafrance.* Le malheur vous aigrit, et vous rend injuste.

*La Fleur* (*à Fribourg*). Toi qui étais si stricte.

*Fribourg.* Sans doute.

*La Fleur.* Toujours inflexible.

*Fribourg.* Eh bien! oui; mais, voyez-fous, c'est pas ça.

*La Fleur.* Qu'est-ce que c'est donc?

*Fribourg.* Les maîtres feulent qu'on les flatte, qu'on leur dise ceci, cela, et moi j'se suis fidèle, et je sais pas flatter les maîtres, fla ce qué c'est.

*La Fleur.* Veux-tu que je te dise, c'est que dans ce monde aujourd'hui il faut avoir le fil.

*Lafrance* (*à l'Encaisse*). Mais, malgré vos reproches, je ne cesserai pas de m'intéresser à votre sort, et de vous servir autant que je pourrai.

*L'Encaisse.* En gardant ma place, n'est-ce pas? Grand merci. Faites votre métier, sans me plaindre, et soyez honnête homme, si vous le pouvez. Viens, Fribourg. Bonjour.

## SCENE VIII.

LA FRANCE, LA FLEUR.

*Lafrance.* Voyez, mon cher La Fleur, comme cet homme est intraitable. On me donne sa place, que puis-je faire à cela? Et pouvais-je mieux m'y prendre avec lui?

*La Fleur.* Il a de l'humeur, c'est bien naturel!

*Lafrance.* Il croit que je lui souffle sa place; vous savez qu'il n'en est rien.

*La Fleur.* Les gens malheureux ne sont jamais justes.

*Lafrance.* Mais contez-moi donc comment vous avez ménagé cela pour moi?

*La Fleur.* C'est tout naturel!... Je voulais votre place franchement!... Je négocie, je vous propose, on chasse ce pauvre M. l'Encaisse!... On vous met à sa place, et je me trouve à la vôtre!

*Lafrance.* Et moi qui vous croyais mon ennemi!

*La Fleur.* Eh non! Nous nous estimions, monsieur Lafrance : mais je voulais votre place. Je deviens maître-d'hôtel, et je suis enchanté de vous savoir caissier en chef de la maison Soussussous.

*Lafrance*. Vous me pardonnerez mes soupçons, n'est-ce pas?

*La Fleur*. Je suis sans rancune, je vous assure.

*Lafrance*. Mais puis-je vivre en paix, et ne voudrez-vous pas devenir un beau jour caissier à mes dépens?

*La Fleur*. Je ne dis pas non : mais vous avez du temps devant vous probablement.

*Lafrance*. Déjà vous convoitez ma place, tout en me faisant des promesses d'attachement!

*La Fleur*. Sans doute, mais ce n'est pas dans le temps qui court qu'on peut ménager ses meilleurs amis!

*Lafrance*. Cependant, l'emploi de maître-d'hôtel est bon, et si j'étais garçon, je m'en tiendrais là.

*La Fleur*. Pourquoi donc cela?

*Lafrance*. C'est M^me^ Lafrance, par haine pour M^me^ l'Encaisse, qui veut absolument me voir caissier de la maison de banque.

*La Fleur*. Cependant, ces dames se font bonne mine?

*Lafrance*. Elles se haïssent du fond de l'âme! M^me^ l'Encaisse prend avec ma femme des airs protecteurs tout à fait déplacés, je dois le dire, et ma femme, qui lit les journaux, qui fait même de la politique, et qui reconnaît et respecte la supériorité de M$^{me}$ la baronne, ne veut pas supporter celle de M$^{me}$ l'Encaisse, et cela se conçoit.

*La Fleur.* Cela se conçoit! Et qu'est-ce donc que peut valoir la place de maître-d'hôtel, que vous avez l'air de regretter?

*Lafrance.* Peu de chose, honorifiquement parlant; le gage est faible, mais les profits honnêtes, je dirai même légitimes, sont très-conséquens.

*La Fleur.* Écoutez: je voudrai peut-être votre place un jour ou l'autre; mais d'ici là, nous devons nous entendre, et écarter soigneusement tous les nouveaux visages qui pourraient vouloir nous supplanter.

*Lafrance.* Je ne vois pas de grands inconvéniens à ce marché-là.

*La Fleur.* Soyons bien ensemble, sans nous piquer d'une fidélité qui n'est plus à la mode.

*Lafrance.* Plus tard, nous verrons si notre intérêt est de rester unis.

*La Fleur.* C'est cela. Tout à vous.

*Lafrance.* Votre dévoué serviteur.

## ACTE XIII.

### SCÈNE Ire.

LE BARON, VIEUGREDIN.

*Vieugredin.* Vous avez été, je vous assure, admirable dans votre transaction.

*Le baron.* Vous trouvez?

*Vieugredin.* Vous y avez mis de la dignité, de la force, de la prudence!... toutes les convenances possibles.

*Le baron.* Cela n'a donc pas été trop mal?

*Vieugredin.* Vous avez avancé vos affaires!

*Le baron.* Vous croyez?

*Vieugredin.* On ne vous supposait pas cette énergie!

*Le baron.* J'ai montré du sang-froid, n'est-ce pas?

*Vieugredin.* Tout plein.

*Le baron.* Et il faut cela dans un homme politique.

*Vieugredin.* Dans un homme d'Etat!

*Le baron.* Il ne faut pas passer pour une poule mouillée.

*Vieugredin.* Incontestablement.

*Le baron.* Je suis solide au poste quand il le faut!

*Vieugredin.* Vous avez fait vos preuves.

*Le baron.* Cela, je pense, ne m'éloignera pas du ministère!

*Vieugredin.* Non, mais prenez-y garde, c'est autre chose!

*Le baron.* C'est autre chose? Comment cela, cher ami!

*Vieugredin.* Je crains que votre énergie n'effraie; il faut prendre garde à cela!

*Le baon.* Cependant, il faut bien de la fermeté dans l'occasion.

*Vieugredin.* Oui, mais il faut prendre garde de montrer trop de nerf; il ne faut pas effaroucher un public bienveillant!

*Le baron.* C'est juste, il faut de la modération dans ce temps-ci.

*Vieugredin.* Je vais travailler votre article pour demain. Je veux qu'il soit remarquable.

*Le baron.* Soignez-moi cela, je vous en prie!

*Vieugredin.* Il vous faut un article qui mette le public dans la confidence de la dignité que vous avez apportée à l'indispensable épuration de vos bureaux.

*Le baron.* Il faut frapper en temps utile.

*Vieugredin.* N'est-ce pas? Je parlerai de vous comme d'un homme ferme et courageux, mais indulgent et modeste.

*Le baron.* C'est cela.

*Vieugredin.* Laissez moi faire.

*Le baron.* Je suis heureux que vous preniez à cœur mon entreprise.

*Vieugredin.* Regardez-moi comme un autre vous-même.

## SCÈNE II.

LE BARON, seul.

Qu'il est heureux, dans mes calamités, d'avoir rencontré cet ami-là! Je lui dis..., je puis lui dire ce que je pense!... Je ne puis qu'avec lui causer de mes afflictions, de ma fortune!... Tous les autres sont envieux de mon bonheur apparent, sans comprendre rien à mes soucis d'époux et de millionnaire!... (*Prenant son calepin.*) Deux et deux font quatre et trois font sept, et j'en suis incessamment à mes vingt-deux millions six cent cinquante mille et une fraction, frais de liquidation supputés..... Certes, il y aurait là, si la baronne et de trop nombreuses affaires ne me tenaient en esclavage, de quoi s'estimer ce qui s'appelle heureux!... Eh bien, Vieugredin est le seul qui comprenne ma position, qui me prise ce que je vaux, sans flagornerie; il me loue, mais avec retenue, et l'on voit qu'il reste dans la vérité, qu'il ne va pas plus loin!.... Voilà la baronne!... elle va me demander de l'argent! tenons-nous bien!...

## SCÈNE III.

LE BARON, LA BARONNE.

*La baronne.* Il n'y a pas, monsieur, un instant à perdre pour les emplettes de noces. Il faut décider ce que nous donnerons d'éclat au mariage d'une fille unique et chérie, tout en y rattachant une immense importance politique.

*Le baron.* Il faut faire les choses bien, grandement, magnifiquement même; mais strictement, et ne pas s'emporter cependant.

*La baronne.* Dans ce jour si solennel, je ne vois pas ce qui peut modifier l'éclat d'un évènement que je puis qualifier d'européen.

*Le baron.* Européen, européen, madame, me paraît un peu forcé; mais il faut bien faire les choses, satisfaire le parti libéral, ni par trop de faste qui pourrait offusquer, ni par trop de mesquinerie qui pourrait déplaire, et prouver du goût sans dilapidation.

*La baronne.* Votre esprit parcimonieux se révèle même dans les affaires de l'ordre le plus élevé. Songez, monsieur, qu'il y va de votre existence politique, de ne pas prouver une parcimonie tout à fait intempestive.

*Le baron.* C'est bel et bon; mais observez, madame, que jeter son argent par la fenêtre n'est pas une raison pour être populaire!..... On peut être populaire sans cela.

*La baronne.* La lésinerie, dans un homme d'Etat, est un vice radical!

*Le baron.* Permettez-moi, madame, de poser la question! M. le duc d'Embrouillamini possède la terre d'Embrouillamini, je veux bien le supposer; mais il n'a pas d'argent comptant, et j'ai consenti tantôt à faire tous les frais et présens de noces qu'il ne peut faire, ou qui l'auraient gêné. N'est-ce pas cela?

*La baronne.* Eh bien!

*Le baron.* Je destine, à ces dépenses faites avec somptuosité, 70,000 fr.

*La baronne.* Parce que 80,000 fr. sont indispensables.

*Le baron.* N'est-ce pas faire les choses magnifiquement?

*La baronne.* C'est trop court, et les 80,000 f. sont de rigueur.

*Le baron.* Je ne dépasserai certainement pas les 70,000 fr.; je vous en donne bien ma parole! madame, entendez-vous! Je ne veux pas passer pour un panier percé.

## SCÈNE IV.

LE BARON, LA BARONNE, DE MORDANT.

*De Mordant (au baron).* Comment va l'imagination. (*A la baronne.*) A vos ordres, madame!

*Le baron.* Ne m'en parlez pas.

*De Mordant.* Comment cela?

*Le baron.* Voilà près d'une heure que je ne pense plus à ma banque!

*De Mordant.* Véritablement.

*Le baron.* C'est comme j'ai l'honneur de vous le dire, et cela m'effraye.

*De Mordant.* Je le conçois! avec vos millions! c'est inquiétant!

*Le baron.* Ecoutez donc, il ne faut pas en perdre le fil.

*De Mordant.* Oui, c'est un labyrinthe!

*La baronne.* Vous venez à propos. M. de Soussussous ne veut céder sur rien de ce qui doit assurer la gloire de l'établissement de sa fille. Il est d'une mesquinerie!....

*De Mordant.* Ah!..... vous êtes dans le contentieux!.....

*Le baron.* Ecoutez! cher comte, j'abandonne 70,000 fr. pour tous les frais de noces; c'est honorable, je pense, et madame veut 80,000 fr. Voyez si c'est raisonnable.

*De Mordant.* 80,000 fr.! cela n'a pas le sens commun; il faut 100,000 fr.! Je suis pour les comptes ronds; les électeurs aussi! On ne les séduit pas avec des centimes; il leur faut des comptes ronds, ou point de popularité!

*Le baron.* Mais songez que mon journal est de quinze cent mille francs!

*De Mordant.* A époques?

*Le baron.* Mais ce n'est pas moins un immense capital!

*De Mordant.* Raison de plus pour courir après et vous faire nommer ministre des finances le plus tôt possible.

*La baronne.* Cet argument est irrésistible.

*Le baron.* Permettez, madame, jeter son argent par la fenêtre n'est pas une raison pour être populaire. On peut être populaire sans cela.

*De Mordant.* Il faut jeter de la poudre aux yeux, de la poudre d'or aux yeux de vos électeurs.

*Le baron.* Je suis désigné, dites-vous, ou dit-on, pour être ministre des finances; il faut bien prouver de l'ordre et de l'économie!

*De Mordant.* Cela n'est pas nécessaire. Songez aux rentiers, je vous le demande en grâce! c'est l'essentiel. Prenez-y garde, nous sommes les plus forts.

*Le baron.* Mais songez que je dois être le ministre d'un gouvernement à bon marché!...

*De Mordant.* Quand nous en serons là, ne vous inquiétez pas, nous vous laisserons les coudées franches.

*Le baron.* Vous voyez, chevalier, tout en couleur de rose.

*De Mordant.* Allons, faites bien les choses; ne lésinez pas une fois en votre vie, et, le cap au vent vers la terre promise, voguez au ministère des finances!

*Le baron.* Eh bien! va pour les cent mille francs, puisqu'il n'y a plus moyen de reculer.

*La baronne.* Mais pourquoi, monsieur, tant se faire prier pour une chose raisonnable?

*Le baron.* Le sort en est jeté! Faites, madame,

faites vos emplètes, mais à trois, six ou neuf, je vous le demande en grâce! (*Il sort.*)

## SCÈNE V.

LA BARONNE, DE MORDANT.

*La baronne.* Vraiment, vous m'étonnez toujours.

*De Mordant.* Comment cela?

*La baronne.* Vous réussissez à tout ce qui vous passe par l'esprit, et vous demeurez sans ambition! C'est peut-être un malheur pour la France, car, je vous le demande, est-il possible de former un ministère avec les exigences nouvelles? Tous nos hommes forts y parviennent successivement pour y démontrer leur insuffisance. Et vous! vous le seul esprit vraiment positif et sans phrases que je connaisse, vous restez éloigné de tout, quand vous seriez peut-être la seule capacité supérieure à cette position!

*De Mordant.* Ah! la bonne, l'excellente plaisanterie! moi, ministre!..... Quelle folie!

*La baronne.* Vous riez de tout.

*De Mordant.* C'est le meilleur parti.

*La baronne.* Il faut bien cependant que nos affaires marchent!

*De Mordant.* Je n'en sens pas la nécessité!

Permettez-moi, sur ce point seulement, de différer d'opinion avec vous.

*La baronne.* Comment l'entendez-vous?

*De Mordant.* Je veux dire qu'un peut plus, qu'un peu moins de confusion n'empêchera pas le monde d'aller son petit bonhomme de chemin, de marcher, de se traîner vers sa destinée. Si les rois ne sont plus les tyrans, il y aura d'autres tyrans!..... Parce qu'il faut être tyrannisé par quelqu'un ou par quelque chose dans ce bas monde, et c'est de là que vient l'empire despotique que vous exercez sur moi. Les peuples, on aura beau faire, seront toujours asservis.

*La baronne.* La liberté, selon vous, ne serait donc qu'une chimère!

*De Mordant.* Elle est un moyen; entre nous, le côté faible des idées libérales est de n'avoir pas le sens commun, et qu'elles ne servent qu'à nous changer d'esclavage.

*La baronne.* Réellement, vous désorganisez toutes mes espérances! Quoi donc, notre idole, la liberté ne serait qu'une chimère!

*De Mordant.* Point du tout. Nous vivons dans un élément quelconque, sous un régime, sous un gouvernement quelconque, n'importe lequel. Mais tirons-en parti; ne soyons pas dupes, et prenons le temps comme il vient.

*La baronne.* Mais nous resterons dans un vague politique, et rien n'avancera.

*De Mordant.* N'ayez pas peur, nos affaires bien ou mal marcheront toujours. Laissons faire l'avenir, il en sait bien plus que nous.

*La baronne.* Et la Charte?

*De Mordant.* La Charte! Que vous êtes bonne, la Charte! On fait toujours ce que l'on veut d'une Charte. Il faut être le plus fort avec une Charte quelconque, et malheur aux vaincus!

*La baronne.* Mais c'est ce que nous appelons du machiavélisme.

*De Mordant.* Vous avez le cœur trop jeune, chère baronne.

*La baronne (piquée).* Chevalier.....

*De Mordant.* C'est le seul défaut que je vous connaisse.

*La baronne (à part).* Qu'il est frivole! (*Haut.*) Votre insouciance est coupable véritablement, et l'on se doit aux affaires publiques, quand on peut être utile à son pays.

*De Mordant.* Vous dites que j'ai des idées; j'en ai peut-être des idées!.... Je ne dis pas le contraire! Mais cela rend-il propre aux affaires?

*La baronne.* Probablement.

*De Mordant.* On a des idées; mais est-on maître

de ses idées? quand on en a des idées...... je vous le demande?

*La baronne* (*avec une sensibilité réprimée*). On ne les domine pas toujours.

*De Mordant*. N'est-ce pas? pour les affaires, il faut être doué d'une sorte d'inertie! il faut être aux autres, n'être plus à soi!...... devenir protecteur décrié de subalternes que vous offusquez; ménager sans cesse un public qui vous fait tous les quarts d'heure sentir que vous êtes à ses gages, qui vous empêche de songer à votre fortune, et vous dispute le pain de vos vieux jours.

*La baronne*. Cependant on veut des places généralement.

*De Mordant*. Oui, parce que généralement on s'ennuie de soi même, et qu'il faut (à la plupart des hommes) des hochets d'importance et de considération. Ils ne savent que faire de leur inutilité! ils sont fatigués d'eux-mêmes...... il manque quelque chose à leur existence; ils n'ont pas des amis comme vous!......

*La baronne* (*sensation profonde*). Vous aviez cependant ce qu'il faut pour réussir!..... et le succès, ne le comptez-vous pour rien?

*De Mordant*. Je connais ma portée!..... Si j'étais un grand homme bien empesé, bien lourd, ou si j'avais, par exemple, le nez aquilin, l'air magistral, j'aurais peut-être couru la carrière des affaires publiques; mais je ne suis pas en fonds pour cela.

*La baronne.* Avec votre perspicacité, je crois que vous auriez mieux fait que tout autre, ce qui n'est pas beaucoup dire, si votre négligence de toute sensation sérieuse ne vous eût éloigné de tout genre d'ambition.

*De Mordant.* L'art des affaires, voyez-vous, c'est l'art de délayer les affaires, sinon de les embrouiller; et si la diplomatie, par exemple, n'avait pas ses allures, ses réminiscences, son bavardage, ce serait la chose du monde la plus simple. Les gens qui veulent se fourrer dans la politique ne doivent pas dire les choses clairement et tout de suite!..... il faut qu'ils alongent la sauce!..... sinon, ils perdent l'importance dont ils vivent! C'est comme en médecine, la Faculté vit de son jargon.

*La baronne.* Quand on peut être utile, il ne faut pas rester sans importance.

*De Mordant.* Ecoutez : je veux faire de l'esprit à mon aise, quand cela me convient! Je ne veux pas en faire métier; il faut être libre, c'est le premier des états.

*La baronne.* Que vous êtes léger!

*De Mordant.* Du moins je le suis naturellement.

*La baronne.* Véritablement, vous avez un tact, une justesse de pensée qui me confond.

*De Mordant.* Ah! nous y voilà!..... vous allez me faire des complimens!

*La baronne* (*très-affectée*). Si j'apprécie votre mérite trop haut, excusez ma partialité, je tâcherai d'être moins indiscrète à l'avenir. (*Elle se dispose à sortir.*)

*De Mordant.* A propos, écoutez donc?

*La baronne.* Quelque nouveau reproche, sans doute!

*De Mordant.* C'est une histoire impayable, à mourir de rire, de votre mari, qui fait le libéral, et qui se fait faire une généalogie! Il va se faire descendre des comtes de Vermandois! N'est-ce pas à mourir de rire?

*La baronne* (*sèchement*). Quelle idée! C'est une invention, sans doute?

*De Mordant.* Non, c'est l'exacte vérité!

*La baronne* (*surprise*). Et quelle notion avez-vous de ce fait?

*De Mordant.* Je connais du monde dans toutes les classes, et ce matin, sur le boulevard, je rencontre une jolie petite personne de mes amies avec un schal que je ne lui connaissais pas!

Motif de conversation, et j'apprends que ma jeune amie a reçu le schal, une demi-heure auparavant, de son amant, généalogiste de profession (*sensation de surprise de la part de la baronne*), un monsieur de l'Ecusson, qui vient de recevoir 8,000 fr. par avance d'hoirie sur le travail de la généalogie d'un certain financier extrêmement ladre, qu'il a séduit par l'idée de se débarrasser de sa lignée maternelle, et par le bon marché, puisqu'il lui fait sa généalogie pour 28,000 fr., au lieu de 30, prix courant; et cette bonification de plus de 6 pour 100 a décidé la conclusion du traité, et sur 8,000 fr. comptant qu'il a reçus à compte sur la première fouille des parchemins de famille, le faiseur de généalogie a donné ce schal, que je ne connaissais pas (*les cachemires sont pour rien*). J'ai questionné la petite sur le nom du futur gentilhomme, qu'on m'a dit en souriant ne pas connaître. J'ai inutilement insisté : tout ce qu'on a pu me dire, c'est que le néophite-gentilhomme demeurait Chaussée-d'Antin. Piqué, par rapport à vous, d'approfondir ce mystère, j'ai reconduit chez elle ma jeune amie, et tout en nous égayant aux dépens de M. de l'Ecusson.....

*La baronne*. Epargnez-moi, de grâce, monsieur, la confidence de vos indignes amitiés!

*De Mordant.* Que vous êtes collet monté! vous vous ferez carmelite un beau jour, toute philosophe, ou, pour mieux dire, tout philosophe que vous croyez être.

*La baronne.* Il me semble qu'il valait autant me dire simplement que M. de Soussussous se faisait faire une généalogie; c'est une fantaisie comme une autre.

*De Mordant.* C'est qu'il se croit libéral!........ N'y a-t-il pas de quoi mourir de rire d'avoir découvert, une demi-heure après la conclusion du marché, qu'il se faisait faire une généalogie, et se faisait issu des comtes de Vermandois pour 28,000 fr. Vous n'en riez pas de bon cœur.

*La baronne.* Je redoute, je ne vous le cache pas, le ridicule qui pourrait en résulter pour moi-même, et je vous prie de ne rien divulguer de cette étrange aventure.

*De Mordant.* Je conçois vos appréhensions; je ne l'ai dit encore qu'à cinq ou six personnes, mais elles m'ont donné leur parole d'honneur de ne pas en parler.

*La baronne.* Que de raison et de frivolité!.... Je reviens, je vais chercher Cécile, et tout disposer pour la course que vous voulez bien faire avec nous.

*De Mordant* (*en la voyant sortir*). Pauvre

femme! Je la désespère : il n'y a que ce moyen-là de la dominer!... Je la flatte, je la tourmente; je la respecte, cela la met au désespoir..... Nous ne voulons pas être aimés de cœur! la trahison nous séduit davantage!

## SCENE VI.

DE MORDANT, CÉCILE.

*Cécile.* Voilà ce mauvais sujet de Mordant; faisons-lui bonne mine, afin qu'il ne se doute de rien.

*De Mordant.* Voici la petite! Voyons ce qu'elle a dans l'âme!

*Cécile.* Je croyais maman ici.

*De Mordant.* Elle va venir!... Eh bien! Cécile, voilà donc votre mariage arrangé!

*Cécile.* Eh! mon Dieu, oui!

*De Mordant.* En seriez-vous affligée, contrariée?

*Cécile.* Ah! mon Dieu, non.

*De Mordant.* Je craignais que vous ne trouvassiez votre futur un peu vieux, un peu trop âgé pour vous.

*Cécile.* Oh! mon Dieu, non, pour un mari!

*De Mordant* (*à part*). Il est naïf le mot. Je vois ce que c'est, vous voulez vous donner une existence sociale dans le grand monde.

*Cécile.* On veut être quelque chose..., et puis cela fait plaisir à maman.

*De Mordant.* On conçoit cela! Et le jeune Dugros, ce petit cousin que vous aimiez tant, vous l'avez donc oublié?

*Cécile.* Eugène! je ne l'ai pas oublié pour cela!

*De Mordant.* Vous en épousez un autre cependant!

*Cécile.* Oui, pour être duchesse : mais cela n'empêche pas d'aimer son cousin germain!

*De Mordant* (*à part*). Elle est plus naïve que je n'aurais cru. Vous n'avez pas besoin d'être duchesse pour avoir des amis, et vos agrémens ne vous en laisseront pas manquer, je vous le proteste.

*Cécile.* On n'a jamais trop d'amis!

*De Mordant.* Excellent naturel! J'espère, Cécile, que vous me mettrez au nombre des plus intimes.

*Cécile.* Ah! vous, c'est différent; vous êtes l'ami de tout le monde!

*De Mordant.* Je ne suis pas l'ami de tout le monde! J'aime votre mère, avec un profond respect pour ses hautes qualités, l'on pourrait vous aimer avec idolâtrie pour vos agrémens!

*Cécile.* Je ne comprends pas cela.

*De Mordant.* Ecoutez, Cécile : dans le monde qui va vous chérir, dans un monde que votre époux va très-probablement gouverner, il ne pourra pas peut-être se consacrer entièrement à votre existence! Il est bien essentiel de vous ménager des consolations, de bien choisir vos amis, de bien placer votre confiance.

*Cécile.* Est-ce que vous croyez que M. le duc me délaissera pour la politique?

*De Mordant.* Pour fixer son avenir, il faut toujours prendre les choses au pis!

*Cécile.* Mais, est-ce que vous croyez qu'Eugène ne me donnerait pas de bons conseils, qu'il me tromperait?

*De Mordant.* Non, mais il ne connaît pas le monde, et ne vous indiquerait pas, peut-être, la manière de fixer le cœur et l'imagination de votre époux!

*Cécile.* Et vous, monsieur De Mordant, vous avez ce secret là?

*De Mordant.* J'ai plusieurs fois donné de bons conseils, et j'aimerais à contribuer à votre félicité!

*Cécile.* Je ne vous croyais pas si bon enfant!

*De Mordant.* Parce que dans le tourbillon du monde, vous n'apercevez que les apparences; j'espère que par la suite vous jugerez plus favorablement un sincère ami de votre époux.

*Cécile.* Moi, qui vous croyais méchant!

*De Mordant.* Votre mère, qui s'y connaît, me rend plus de justice.

*Cécile.* Quels conseils me faut-il donc, pour me faire aimer de mon mari?

*De Mordant.* Ecoutez, il vous est facile de nous séduire : mais il faut de l'art pour nous fixer!

*Cécile.* Si je l'aimais bien, pouquoi ne m'aimerait-il pas?

*De Mordant.* D'abord vous avez une rivale!

*Cécile.* Une rivale!

*De Mordant.* Une rivale redoutable!

*Cécile.* Et laquelle?

*De Mordant.* La politique!

*Cécile.* C'est là ce que vous appelez une rivale?

*De Mordant.* Sans doute, une rivale dangereuse pour votre bonheur.

*Cécile.* Pourquoi donc?

*De Mordant.* Parce qu'elle vous enleverait les soins de votre époux, ces prévenances délicates qui font le charme de la vie conjugale!

*Cécile.* Et vous avez un secret pour empêcher cela?

*De Mordant.* Trop de sécurité dans notre

existence nous engourdit dans notre félicité. Il ne faut pas, Cécile, je connais les maris, nous laisser dans une sécurité trop profonde de notre parfait bonheur!

*Cécile.* Et comment donc faire?

*De Mordant.* C'est mon secret.

*Cécile.* Un secret!.. Oh! monsieur De Mordant, contez-moi donc cela!

*De Mordant.* Cela demande des explications.

*Cécile.* Oh! monsieur Edouard, dites donc!

*De Mordant.* Non, il nous faudrait du temps, être seuls!...

*Cécile.* Mon cher monsieur Edouard, dites toujours?

*De Mordant.* Mais votre mère vient d'abord! Elle veut absolument, je ne sais pourquoi, que je vous accompagne dans votre course, pour vos emplètes de noces, et...

*Cécile.* Commencez toujours.

*De Mordant.* La première fois que nous serons seuls, je vous conterai cela!

*Cécile.* Mais quand?

*De Mordant.* Que vous êtes curieuse!

*Cécile.* Je suis demoiselle.

*De Mordant.* J'en suis bien persuadé.

*Cécile.* Et j'aime les secrets, vous n'avez pas d'idée.

*De Mordant.* Eh bien, trouvez-vous, ce soir, dans le petit salon, par hasard; nous pourrons nous promener dans le jardin, à la brune. Il n'y a que ce moyen-là d'être ensemble dans cette maison-ci.

*Cécile.* Ah! ce sera bien aimable à vous.

*De Mordant.* Vous ne sauriez croire combien je vous suis dévoué! Ainsi, ce soir, avant le contrat.

*Cécile.* Non, pas avant!... ça ne ne se peut pas; mais après!...

*De Mordant.* Ce sera bien tard!

*Cécile.* Tâchez de venir!

*De Mordant.* Puisque vous le voulez, il faut absolument vous obéir.

*Cécile* (*à part*). Je ne sais ce que veut me dire ce mauvais sujet-là : mais ça ne doit pas être grand'chose de bon.

*De Mordant* (*à part*). Il serait gai d'écorner la dot, et de donner une première leçon d'amour à la mariée. (*A Cécile.*) C'est singulier, je ne vous avais jamais considérée que comme une enfant, et ce n'est que d'aujourd'hui, madame la duchesse, que j'aperçois toutes les grâces que me dérobait l'habitude de votre enfance!

*Cécile.* Eh bien, monsieur, voilà la première fois que je vous trouve aimable!

*De Mordant.* Elle est ravissante !... Permettez-moi donc, madame la duchesse, de vous baiser la main, pour la première fois de ma vie, et de m'enorgueillir de votre confiance.

## SCÈNE VII.

CÉCILE, DE MORDANT, LA BARONNE (*apercevant De Mordant baisant la main de Cécile, témoigne sa surprise et son dépit*).

*De Mordant.* Dieux ! quelle est bien !... madame la duchesse, ne dirait-on pas votre sœur aînée ?... Chère baronne, il n'y a que vous au monde pour donner de la grâce à toute chose. Voyez ce nœud ; ce n'est rien, mais c'est gracieux !

*La baronne.* Votre enthousiasme sur les choses puériles a quelque chose, monsieur De Mordant, qui me confond souvent.

*De Mordant.* Vous êtes aujourd'hui plus difficile à vivre que jamais. Mais vous voulez mon avis sur des présens de noces, et vous ne m'accordez pas une façon de penser sur le nœud d'un chapeau. C'est de la tyrannie.

*Cécile* (*à part*). Qu'il est persifleur !

*La baronne.* Vous êtes homme de goût, c'est incontestable, et je compte sur votre disposition bienveillante en faveur de ma fille, pour vous demander votre avis. Ce n'est pas là, je pense, de la tyrannie.

*De Mordant.* Ne disputons pas sur les mots, et profitons du temps. Allons faire vos emplètes, puisque vous trouvez bon que je sois de la partie. (*Il prend le bras de la baronne et celui de Cécile, et cause en sortant avec elles.*)

# ACTE XIV ET DERNIER.

## SCÈNE PREMIÈRE.

LA FLEUR, *seul.*

La voici partie! Ce sera drôle cette soirée-ci. Comme cela vous a le fil, cette jeunesse d'à présent! Cela n'a pas l'air d'y toucher, et cela vous a des résolutions comme de grands personnages! On a bien raison, dans ce siècle, de dire que nous sommes bien avancés pour notre âge!....... Où placerons-nous la table?... Dans un coin ou bien au milieu du salon?... Au milieu; cela fera plus d'effet! Ça fera coup de théâtre quand on apprendra la nouvelle! Un fauteuil par notaire, un tabouret pour le maître-clerc... Papier, écritoire, plumes taillées; il n'y manquera que la mariée! Voici MM. les notaires.

## SCÈNE II.

LA FLEUR, MM. SENSÉ ET DAPLOMB, UN MAITRE-CLERC.

*La Fleur.* Donnez-vous la peine d'entrer, messieurs, et de vous asseoir... Vous manque-t-il quelque chose ?

*Sensé.* Non, voilà tout ce qu'il faut pour le contrat.

*La Fleur.* Je crois bien que ce contrat-là ne leur graissera pas la patte!...

## SCÈNE III.

SENSÉ, DAPLOMB (*s'avançant sur le bord de la scène*).

*Daplomb.* Que dites-vous de ce mariage-là, confrère?

*Sensé.* Je ne dis rien... Je fais l'acte, c'est mon métier. Je m'en tiens là...

*Daplomb.* Vous êtes bien calme, confrère! C'est pourtant une bonne aubaine!... On ne marie pas des millions comme cela tous les jours.

*Sensé.* Les études sont si chères.

*Daplomb*. On se rattrape...

*Sensé*. Que je marierais le Grand-Turc avec la Charte constitutionnelle sans sourciller!

*Daplomb*. C'est de sang-froid!

*Sensé*. On a vu des choses plus étonnantes!

*Daplomb*. Cependant on n'a pas des contrats comme celui-ci tous les jours!..... M^lle^ de Soussussous! cela raisonne à pleins sacs.

*Sensé*. Oui, d'un côté; mais de l'autre?

*Daplomb*. De l'autre? Il y a le duché d'Embrouillamini!

*Sensé*. Confrère! donneriez-vous votre étude pour ce duché-là?

*Daplomb*. J'y regarderais à deux fois. Ah! ah!... dites donc? et la famille Soussussous.

*Sensé*. Chut!...

*Daplomb*. Ce qui sera curieux, se seront les figures de la famille des Soussussous.

*Sensé*. Parlez bas.

*Daplomb*. Connaissez-vous la vieille tante, M^lle^ Chouchou?

*Sensé*. Chut... Si je connais cela?

*Daplomb*. Quelle figure cela va faire dans une noce comme celle-ci!...

*Sensé*. Et M^me^ Pincette donc! Mais chut!

*Daplomb*. J'en ai ouï dire quelque chose...

*Sensé*. C'est bien une autre affaire encore!

*Daplomb.* On dit que c'est une véritable pièce d'antiquité.

*Sensé.* Oui, d'un autre monde.

*Daplomb.* Il y aura de quoi mourir de rire.

*Sensé.* Oui, si nous n'étions pas notaires.

*Daplomb.* Eh bien! ce sont ces gens-là, incapables de confectionner un acte, qui font des fortunes monstrueuses, rapides; et nous autres, hommes, véritablement d'affaires, nous sommes des années, la vie entière à ramasser un couple de millions.

*Sensé.* Il y en a de moins heureux que nous.

*Daplomb.* C'est vous qui l'êtes!..... heureux monsieur Sensé, vous avez de la philosophie!

## SCÈNE IV.

SENSÉ, DAPLOMB, LE BARON.

*Le baron.* Eh bien! messieurs, tout est-il prêt selon les stipulations d'usage et de convenance?

*Sensé.* Je me suis conformé ponctuellement aux ordres que vous m'avez transmis. M. Daplomb n'oppose aucune objection pour son client aux clauses du contrat, et tout, à la lecture de l'acte, vous paraîtra, je pense, conforme aux volontés des parties.

*Le baron.* C'est fort bien.

*Sensé.* Seulement, d'après l'avis de M$^{me}$ la baronne, nous avons laissé quelques blancs, qui seront raturés, s'il ne se présente aucun incident à intercaler dans l'acte.

*Le baron.* A intercaler... à la bonne heure. Je ne crois cependant pas qu'il s'en présente. Ah ça, messieurs, parlez-moi franchement : ne trouvez-vous pas convenable ce que je fais pour ma fille?

*Daplomb.* Monsieur le baron sait mieux que personne ce qu'il peut faire dans une circonstance semblable.

*Le baron.* Ecoutez! je désire que le public, et particulièrement le parti libéral, sache que dans cette circonstance, que je regarde comme politique autant que privée, et surtout paternelle, je fais les choses convenablement. Il m'a semblé que ce n'était pas le cas de lésiner, et qu'il fallait imprimer à cette union de beaucoup d'intérêts un caractère complet de convenances sociales.

*Daplomb.* Monsieur le baron est parfaitement à même de faire les choses complètement.

*Le baron.* Ne trouvez-vous pas qu'en donnant au duc et à ma fille la duchesse d'Embrouillamini quarante mille francs par an, logés, nourris chez le beau-père, ne trouvez-vous pas, dis-je, que j'agis convenablement et selon la réputation de ma fortune?

*Daplomb.* Ce que monsieur le baron fait est

bien fait sans doute, mais il ferait plus, si la fantaisie lui en prenait.

*Le baron.* Eh! mon Dieu, on prête toujours aux gens riches.

*Daplomb.* Surtout quand ils roulent sur les millions.

*Le baron.* A qui croyez-vous donc, monsieur Daplomb, des millions de fortune parmi nos gros banquiers de Paris?.. Serait-ce à ce M. Bourbonnet, qui tire le diable par la queue avec son emprunt de quatre-vingt millions! Ou à M. Charlottin, avec sa spéculation sur les fonds d'Espagne? Je vous le demande.

*Daplomb.* La maison Soussussous est bien autrement famée!

*Le baron.* A la bonne heure! Mais on exagère toujours en appréciation de fortune! Un zéro de plus ou de moins ne coûte pas une obole à nos gobe-mouches de bourse et de salons de Paris. Je parie, par exemple, qu'on me donne des dix, douze millions de fortune.

*Daplomb.* Pardonnez-moi! On vous en donne quinze, on vous en donne vingt.

*Le baron.* Voyez un peu!... Que dites-vous, monsieur Sensé, de cette exagération-là?...

*Sensé.* Monsieur le baron connaît mieux que moi les ressources de son portefeuille.

*Le baron*. Eh bien! foi d'homme d'honneur, si je voulais franchement réaliser et me retirer définitivement des affaires, je ne mettrais pas ensemble, et ce serait le bout du monde, de sept millions à sept millions trois cent mille francs.

*Sensé*. Sans compter l'hôtel de Soussussous et l'ancien duché de Sancerre.

*Le baron*. Mais qu'est-ce que cela rapporte?

*Sensé*. Je l'ignore, mais les capitaux s'évaluent.

*Le baron*. Et que pensez-vous donc, monsieur Daplomb, que ces deux immeubles puissent valoir, foncièrement parlant?

*Daplomb*. Au taux du jour, je me fais fort de vous trouver de l'hôtel de la rue d'Antin, un million, et de l'ancien duché de Sancerre, un million huit cent mille francs.

*Le baron*. Frais compris?

*Daplomb*. Frais en dehors.

*Le baron*. Eh bien! soit: cela ferait sept millions 3 et 2,800,..... dix millions cent mille francs; et vous conviendrez qu'en donnant à mon gendre quarante mille francs, logé, nourri, chauffé chez le beau-père, et les chevaux nourris par dessus le marché, je fais une chose convenable à ma fortune présumée, et que le parti libéral doit voir avec plaisir ce que je fais pour un grand seigneur qu'il place à la tête des idées modernes.

## SCÈNE V.

LES MÊMES, RÉBECCOT, DU LUGUBRE.

*Le baron.* Véritablement, messieurs, je suis bien flatté de vous recevoir chez moi, non seulement comme amis, mais aussi comme confrères. Car vous savez que je suis propriétaire unique du *Royaliste par circonstance*, dont la couleur équivoque changera, je vous le proteste.

*Rébeccot.* J'ose me flatter que l'esprit public n'y perdra pas.

*Le baron.* Je vous le garantis...

*Rébeccot.* Débaptisé n'était qu'un être vacillant!... Il avait par-ci par-là des retours à de vieilles idées! Il faisait du mal à l'esprit public, par des oscillations d'honneur et de principes véritablement puériles.

*Le baron.* Eh bien! vous ne vous imaginez pas, messieurs, combien depuis ce matin que je suis journaliste, je suis un autre homme!

*Rébeccot.* Je n'en suis pas surpris.

*Du Lugubre.* La profession est si noble!

*Le baron.* On se sent des idées qu'on n'avait pas quand on n'était que spectateur des évènemens politiques.

*Du Lugubre.* Cela développe les supériorités intellectuelles qu'on a reçues de la nature !

*Le baron.* Sans doute, et ce matin, en faisant mon article *Bourse politique*, je me suis trouvé supérieur à moi-même.

*Rébeccot.* C'est facile à concevoir.

*Le baron.* On fait la banque à froid.

*Du Lugubre* Il n'y a rien là pour l'imagination.

*Le baron.* Mais quand on a son pays à régénérer, quand il faut imprimer à ses contemporains ce cachet de la supériorité du siècle, on est tout autre, et ce matin, à ma besogne de journaliste, je me suis étonné moi-même.

*Du Lugubre.* On est monté par la solennité de la profession.

*Le baron.* On est ce qu'on appelle électrisé! les mots alors arrivent, on ne sait comment.

*Du Lugubre.* Et c'est ainsi que marche le génie.

*Le baron.* C'est présumable.

*Du Lugubre.* Oui, quand on en a.

*Le baron.* Et M. Débaptisé! où donc est-il? Je ne le vois pas.

*Rébeccot.* Il fuit le monde!

*Le baron.* Et pourquoi donc?

*Rébeccot.* Il est tellement honteux de n'être

plus journaliste et d'avoir cédé l'honorable profession de régénérateur de l'opinion publique, que nous n'avons pu le décider à se montrer au grand jour.

*Le baron.* Eh ! que va-t-il devenir avec sa fortune et son repos ?

*Rébeccot.* Ma foi, je n'en sais trop rien ! mais je pense qu'il va nous faire des feuilletons, comme pour lui-même, car quand l'habitude est prise.....

*Le baron.* Qui a bu, boira !...

*Rébeccot.* Quand on a fait des feuilletons pendant quelques quarante années, c'est pour la vie ; on n'en sort plus !...

## SCÈNE VI.

LES MÊMES, PHILIS LA TREILLE, DUPINCEAU, SAITOUT, VIEUGREDIN, etc., etc.

(*Il se forme des groupes et des conversations particulières qui ne permettent d'entendre que les personnages les plus rapprochés de la scène.*)

*Rébeccot.* Eh bien ! messieurs, que pensez-vous de ce mariage ?

*Philis la Treille.* J'en félicite sincèrement la cause de l'humanité !

*Vieugredin.* Et celle de la philosophie moderne, si vous voulez bien ne pas l'oublier.

*Philis la Treille.* Sans doute. Et mon luth harmonieux.

*Dupinceau.* Je suis persuadé que l'industrie s'en ressentira, et qu'elle reprendra son éclat primordial.

*Rébeccot.* Je n'en doute pas!... Mais comprenez-vous bien, messieurs, les avantages qui vont découler de cette union, de tous les avantages sociaux que les hommes pensant vont retirer de cette nouvelle existence sociale!

*Philis la Treille.* Je crois les apercevoir.

*Rébeccot.* Voici ce que c'est!... Il n'y a plus de noblesse, ou s'il en existe encore, ce n'est pas la peine d'en parler: mais il y a des gens comme il faut, ou qui, du moins, ont la prétention de l'être, qui se sont formés des sociétés, des salons qu'ils appellent de bonne compagnie, et où nos amis ne sont généralement pas admis, si ce ne sont quelques sommités du parti : mais cela n'atteint pas, ne protége généralement pas la masse du libéralisme et la classe secondaire. Il est essentiel cependant, messieurs, que cette masse, ou du moins une bonne partie de la masse, ne soit plus exclue du partage de ces avantages sociaux : et dans cette union, le très-grand avantage qui s'y trouve, c'est de créer irrévocablement au parti libéral, un salon de bonne compagnie, où l'on puisse, au lieu de passer ses soirées dans des réunions littéraires ou industrielles, où l'on n'a presque jamais la parole, et où les agrémens de la vie et l'amour propre ne se trouvent jamais réunis ou complètement satisfaits, et c'est ce qui cause parmi nous quelques défections, plus ou moins isolées, parmi les plus impatiens, mais toujours pernicieuses au parti.

*Philis la Treille.* Il est sûr qu'un salon serait d'un avantage inappréciable; cependant, dans le parti, nous avons bien des individus patiens, gens du métier, peu lettrés, inadmissibles en un mot, et qui, ne se sentant pas présentables dans certaines classes intellectuelles de la société, pourraient se trouver offensés de l'exclusion! Et il faut le dire, hélas! c'est fort délicat.

*Rébeccot.* C'est de la poésie que vous nous faites-là, monsieur Philis.

*Philis la Treille.* Comment cela de la poésie?

*Rébeccot.* Voulez-vous que le parti libéral en masse tienne dans un salon doré?

*Philis la Treille.* C'est fort bien..... mais il ne faut pourtant pas le traiter comme de la canaille.

*Rébeccot.* Eh! mon cher, la canaille est dans la nature humaine! Nous ne pouvons nous en faire accroire à ce point là? Nous ne nous en débarrasserons jamais complètement.

*Philis la Treille.* Ce que vous dites est bien antiphilosophique!

*Rébeccot.* Ecoutez! nous sommes entre nous.

*Philis la Treille.* Mais, entre nous, je trouve le mot excessivement déplacé.

*Rébeccot.* Quelle réticence poétique!

*Philis la Treille.* Pour ne pas dire excessivement impertinente.

*Rébeccot.* Ces poétriaux sont d'une irritabilité singulière!

*Philis la Treille.* Ces faiseurs de politique sont d'une arrogance!....

*Vieugredin.* Messieurs, messieurs, alte-là! je vous le demande en grâce, respectez la solennité du jour.

*Philis la Treille.* Rassurez-vous, le rédacteur en chef d'un journal ne se bat jamais.

*Rébeccot.* Rassurez-vous, nous ne faisons pas de la poésie.

*Vieugredin.* Messieurs, messieurs, il y a du mal entendu dans vos expressions! je vous le proteste!..... Allons, serrez-vous la main. Venez déjeûner demain chez un ami commun, et que la mésintelligence soit bannie de ce séjour d'union.

*Philis la Treille.* On ne résiste pas à ces manières-là.

*Rébeccot.* Vous avez toujours eu sur moi l'ascendant de l'amitié.

*Le général Sabretout.* Eh bien! qu'est-ce qu'il y a-t-il donc, messieurs?

*Rébeccot.* Nous nous félicitons de l'heureux évènement du jour.

*Le général Sabretout.* Moi, messieurs, je ne comprends pas grand'chose à la politique ; c'est à peu près comme tout le monde ; mais ce qui me réjouit, c'est de voir ici la grande armée, la livrée de Napoléon et la ci-devant république, une et indivisible. Ah! ah! cela me réjouit, ventrebleu!

*Rébeccot.* Cela doit vous émouvoir, effectivement.

*Philis la Treille.* Et vous faire battre le cœur d'une émotion généreuse.

*Le général Sabretout.* Je vous en réponds. Enfin, messieurs, dites-moi un peu, cela va-t-il bien?

*Rébeccot* (*mystérieusement*). Il n'est pas temps encore de s'expliquer clairement..... mais nous avons le plus grand espoir.

*Le général Sabretout.* Ah ça, vous me direz quand il sera temps.

*Rébeccot* (*mystérieusement*). Nous comptons sur vous.

*Le général Sabretout* (*finement*). Je n'y entends pas malice.... Je ne suis pas dans le secret de la politique, mais je crois que ça ira. Ah! ah!

*Rébeccot* (*à part; à Philis la Treille*). J'aime mieux ces ramasse-ton-bras-là que tous les autres.

*Philis la Treille.* Oui, cela frappe sans prétention.

*Rébeccot.* Ces sortes de gens sont de bonne foi.

*Philis la Treille.* Cela n'a pas d'arrière-pensées!

*Rébeccot.* Non, avec un bâton de maréchal de France on est sûr d'eux!...... Sans rancune, monsieur Philis.

*Philis la Treille.* Me prenez-vous pour un enfant, monsieur Rébeccot? (*Ils se touchent dans la main en se séparant.*)

*Rébeccot* (*à pat*). Mirmidon!

*Philis la Treille* (*à part*). Mauvais drôle!

*Le général Sabretout* (*au colonel la Balafre*). Il fait chaud, Dieu me pardonne, dans ce salon-ci, comme à la bataille des Pyramides, où-ce que j'ai gagné l'épaulette sur le champ de bataille.

*Le colonel la Balafre.* Vous êtes heureux, mon général, vous êtes venu dans le bon temps! On ne gagne plus de batailles. Cela ne peut pas durer comme cela.

*Le général Sabretout.* Ecoutez donc colonel, il ne tombe plus des étoiles toutes rôties sur les épaules d'un queu'-z-un.

*Le colonel.* Se voir sous la remise, sans espoir, avec dix campagnes dans le ventre, et ne pas être général, n'est-ce pas diabolique?

*Le général.* Vaut encore mieux être banquier que général.

*Le colonel.* Vous pensez cela?

*Le général.* On n'a pa-t-il est vrai la graine d'épinard les fêtes et dimanches, c'est véritable, mais on a les pieds chauds, et on fait ses quatre repas le reste de ses jours.

*Le colonel.* Eh bien, oui; mais tant de monde fait banqueroute!

*Le général.* Dame, à l'heureux l'heureux! à la guerre comme à la guerre! et six pouces de terre, c'est la patrie de tout le monde; je n'y vois que cela.

*Saitout.* Cependant on ne peut prendre des bambins pour des hommes d'Etat! ce serait dépasser les bornes de la raison.

*Vieugredin.* Eh! mon jeune ami, l'enfance déborde à pleins bords, et vous êtes dépassé.

*Saitout.* C'est très-bien! mais il ne faut pas cependant que les maillots soient des hommes d'Etat!

*Vieugredin.* Notre siècle va si vîte!

*Saitout.* C'est bel et bon; mais il ne faut cependant pas que le siècle s'emporte.

*Vieugredin.* Mon cher Saitout, vous voilà dans les ganaches de l'arriéré.

*Saitout.* On peut ridiculiser les vérités les plus nouvelles, vous ne me l'apprenez pas; mais vous raisonnez comme il y a cent ans, et vous ne sortirez plus de votre vieille routine et de vos vieux raisonnemens.

*Vieugredin.* Pensez-vous que les hommes qui veulent entrer dans une révolution en sachent plus que ceux qui en sortent?

*Saitout.* Oui, quand ils ont jugé leur époque avec sang-froid et sans préjugé!....

*Rébeccot* (*à du Lugubre, Saitout, Dupinceau*). Convenez, messieurs, que nous sommes des êtres bien supérieurs, car notre siècle est le premier des siècles, et c'est de nous qu'il tient sa supériorité; nous ne saurions nous le dissimuler.

*Saitout.* Il faudrait ne pas avoir la moindre dose d'amour-propre pour en disconvenir.

*Rébeccot.* Eh bien! nous sommes simples cependant, et l'on ne peut pas dire que nous ayons cette morgue aristocratique qui spoliait le plus heureux royaume de l'univers.

*Du Lugubre.* Alte-là.... ce sont les écrivains du siècle qui font la force du siècle présent, et non pas les seuls journalistes : ce sont eux qui dépassent Homère; et si vous lisez seulement les journaux monarchiques du temps avec scrupule, vous serez persuadés du fait.

*Rébeccot.* Mon cher monsieur du Lugubre, sans nous, Homère jouirait encore de sa renommée, et les journalistes décident de toutes les réputations politiques, poétiques et même prosaïques.

*Philis la Treille.* Oui, je le veux bien, les journalistes font notre siècle; mais il faut dépasser notre siècle par l'imagination et l'exaltation.

(Pendant ce dialogue entre les interlocuteurs, le baron reçoit successivement les parens de sa femme, c'est-à-dire les officiers supérieurs de la ci-devant grande armée. Ils sont presque tous en frac comme de simples citoyens, distingués seulement du commun des martyrs par une multitude de décorations civiles ou militaires des différens Etats de l'Europe. On voit des rubans de toutes les couleurs, du rouge, du gris, du bleu, du mordoré, du jaune, etc., etc. Mais au milieu de cette variété de tant de couleurs, les liserés blancs sont presque imperceptibles et tout-à-fait en minorité.)

*Le baron (à Rébeccot et au cercle qui l'environne).* Vous disiez donc, messieurs.....

*Rébeccot.* Nous disions, mon cher baron, que ce jour devait être l'arche d'alliance de tous les sentimens généreux et de toute concorde sociale.

*Le baron.* C'est une belle réunion que celle-ci.

*Vieugredin.* Que de supériorités réunies!....

*Le baron.* Cela m'effraie pour le siècle.

*Philis la Treille*. Pourquoi cette vague inquiétude ?

*Le baron*. Pourra-t-il tout contenir?

*Rébeccot*. Voilà ce que c'est, baron mon ami. Il y avait autrefois des hommes d'esprit! Présentement on n'en cite plus; et pourquoi cela, je vous le demande? C'est que tout le monde est supérieur, et que tout le monde est dans la foule.

*Le baron*. C'est probable.

*Du Lugubre*. Cette réunion est, il faut en convenir, l'expression simple de la félicité sociale. Puisse la catastrophe n'être pas près de la solennité!

## SCÈNE VII.

LES PRÉCÉDENS, LE DUC.

(L'apparition du duc d'Embrouillamini fait cesser toutes les conversations particulières. Il se présente de l'air le plus affable ; il est simplement vêtu, le frac bleu avec le cordon de la Légion-d'Honneur, et sans décoration que la plaque du Saint-Esprit. Il touche la main des convives les plus rapprochés, et sourit de l'air le plus affectueux à tous les regards éloignés par la foule et l'empressement général. Il distingue ses anciens camarades de chambellanerie par une expression de physionomie plus familière et plus amicale encore. Bientôt un dialogue s'entame entre le beau-père et lui, et chacun prête une oreille attentive.)

*Le duc.* Monsieur le baron, vous voyez un homme au comble de ses souhaits.

*Le baron.* Tout le monde est enchanté, même la petite!

*Le duc.* Mais, je vous en supplie, ne me faites pas l'affront de croire qu'aucune avidité de fortune mondaine entre pour quelque chose dans mon respect pour vous.

*Le baron.* C'est bien de la bonté de votre part, et vous m'honorez fort!

*Le duc.* Point du tout, monsieur et respectable baron, et je veux que le monde le sache, qu'il n'en puisse douter.

*Le baron.* Vous êtes trop honnête.

*Le duc.* Ce qui m'attache à vous de cœur et d'estime, c'est que vous n'avez qu'une seule ambition!

*Le baron.* Celle de ma banque?

*Le duc.* Non, cher beau-père, mais celle d'être un grand citoyen!

*Le baron.* Eh! mon Dieu, monsieur le duc, je n'en ai jamais eu d'autre que celle-là.

*Vieugredin.* On ne voit pas d'homme modeste comme celui-là!

*Le duc.* Après l'honorable profession d'ami de l'humanité, monsieur le baron, il n'est rien que j'apprécie plus que votre alliance, et je ne doute pas que l'humanité pensante ne retire quelque fruit des sentimens mutuels qui vont nous réunir dans la régénération de la pensée humaine! (*Grande félicitation de l'assemblée.*)

*Rébeccot* (*bas, à Vieugredin*). Il y a de l'exagération italienne dans ses idées ou dans ses expressions : je ne sais lequel.

*Vieugredin.* Le fonds est si pur!

*Rébeccot.* Hem.... je me sers de ces renégats-là, mais je me défie d'eux!.... Les simples sont plus utiles et moins dangereux!

*Vieugredin.* Vous pensez cela?

*Rebeccot.* Cela nous vendrait pour une pension à la Chambre des pairs!

*Vieugredin.* Fi donc! Pour une ambassade de famille, ah! je ne dis pas non. (*Rébeccot et Vieugredin chuchotent et rient sous cap.*)

## SCÈNE VIII.

LES PRÉCÉDENS, LA BARONNE.

(La baronne entre, l'assemblée l'entoure et bientôt l'écoute. Elle saisit l'occasion si rare pour le beau sexe à prétention, de prononcer un discours d'apparat prémidité. Elle se place avec une dignité superbe, qui réclame le silence, et, d'un ton solennel, elle prononce ce monologue à prétention.)

*La baronne.* Messieurs et mesdames, c'est un grand jour pour moi, celui qui va réaliser toutes mes espérances; celui qui fera le bonheur d'une enfant justement adorée, et la gloire, j'ose me le promettre, de l'humanité, si pleine d'intérêt par elle-même, et qui, s'avançant chaque heure, chaque minute vers sa perfection, mérite si complètement le dévouement le plus illimité de ses admirateurs les plus effervescens! (*Sensation universelle et profonde.*)

Sans doute, mesdames, dans la situation presque subalterne où des lois gothiques et réprouvées ont placé notre sexe, nous pourrions ne pas prendre à cœur des intérêts sociaux qui ne nous sont pas directement confiés; mais non, l'injustice des vieilles sociétés humaines n'influera pas d'une manière inférieure sur nos âmes et sur notre destinée. Nous sommes Françaises!..... Le sang français coule dans nos veines, et nous ne pouvons, sans indignation, apprécier l'abjection d'une nation soumise aux préjugés par une transmission de je ne sais quelles soi-disantes vertus dont on enchaîne la portion de la race humaine, qu'on appelle la plus faible portion de l'humanité. C'est en envisageant notre abjection, que vous sentirez d'avantage, j'ose l'espérer, l'importance d'une alliance toute de convenance pour nous conquérir une liberté régénératrice qui nivellera le siècle, le sexe et les âges! (*Explosion d'enthousiasme.*)

*Rébeccot.* Vous êtes, madame, un grand avocat dans votre propre cause, et vous maniez la parole avec tant d'éclat, que vous prouvez matériellement l'injustice des antécédens.

*Du Lugubre* (*avec solennité*). Sa voix est retentissante comme la cloche religieuse, et son style est musculeux comme le sauvage de l'Araca!

*Le général baron de Sabretout.* Ventrebleu! messieurs, vlà ce qui s'appelle une maîtresse femme, et bien digne d'être la fille de notre ci-devant général en chef Merluchet, qu'était bien le plus brave mâtin, le plus brave soldat, veux-je dire, de l'ancienne armée!... C'est qu'il n'y allait pas de main morte quand il commandait sa division. Ventrebleu! c'est qu'il vous avait une voix de centaure! il fallait voir!...... (*Rires étouffés parmi les parens lettrés de bonne compagnie.*)

*La baronne* (*après avoir toussé et repris haleine pour donner le temps aux applaudissemens de circuler dans l'assemblée, la baronne continue avec plus d'aplomb encore et de sécurité.*) Je vous l'avouerai ingénuement, il est des êtres privilégiés des législations humaines, et auxquels il ne nous est pas possible de reconnaître une supériorité sur notre intelligence, et je ne faiblirai certainement pas devant des préjugés hors de ligne aujourd'hui.

*Vieugredin (avec enthousiasme).* Parfait!

*La baronne.* Messieurs, vous ne souffrirez pas qu'une telle oppression se perpétue! Oui, le siècle des lumières a prévalu! La portion la moins forte, dit-on, mais sans contredit la plus sensible, de la génération humaine, reprendra tôt ou tard et simultanément le rang social dont elle est privée par un insupportable abus de toutes les législations et de tous les législateurs jusqu'à nos jours.

*De Mordant.* C'est ce que je dis sans cesse.

*La baronne.* Lorsque nous aurons régénéré notre existence sociale que nous ne tenons, et j'en rougis presque pour l'humanité, que des préjugés d'une religion qui tombe de décrépitude et de vétusté, nous sortirons de l'abjection à laquelle les races dépassées nous avaient condamnées, mais sans comprimer le sentiment de nos supériorités intellectuelles.

*De Mordant.* C'est fondamental!

*La baronne.* Enfin, le siècle marche véritablement, et j'ose me flatter, en parlant à des êtres supérieurs et sans préjugés, que l'époque de la régénération universelle vous paraîtra celle d'une égale répartition de droits entre les sexes, comme entre tous les âges.

*Le baron* (*à Vieugredin*). Elle ne peut pas se consoler d'être femme!

*De Mordant*. Elle a raison, messieurs, il faut en convenir! C'est un fait révoltant qu'un sexe, si éminemment doué du don de la parole, soit définitivement éloigné de la tribune et des affaires publiques, lorsqu'il faut parler, et que les orateurs sont vraiment en minorité pour les besoins du siècle! Régénérons-nous véritablement, et reconnaissons au sexe les droits politiques que déjà nous accordons presqu'à l'enfance, dans cette époque de perfection idéale, ou, pour mieux dire, de perfectibilité dans laquelle nous allons entrer si glorieusement. Je suis pour le sexe à la vie et à la mort! (*Adhésion presque générale.*)

*Le duc* (*à part à la baronne*). Je ne vois pas paraître votre charmante Cécile. Cela ne m'inquiète pas, mais cela m'afflige!

*La baronne*. Que vous êtes enfant pour un penseur!... Ne savez-vous pas ce qu'une imagination de quinze ans attache de prix à la moindre bagatelle. Elle place souvent toutes ses espérances, tout son avenir sur un ruban, sur une mèche de cheveux qui peut décider de sa destinée.

*Le duc.* C'est vrai, vous rendez le repos à toute ma philosophie.

*De Mordant* (*bas à Vieugredin*). Convenez qu'il serait plaisant d'écorner la dot, et de donner une première leçon d'amour à la future.

*Vieugredin.* Nous ne valons pas grand chose ni l'un ni l'autre.

*De Mordant.* Que vous êtes hypocrite!

*Du Lugubre.* Le langage de la femme est si persuasif!

*Philis la Treille.* Il s'accorde si bien avec nos plus douces émotions.

*Dupinceau.* Une femme orateur, avec deux fois moins de raison, aurait trois fois plus de persuasion et de succès oratoire.

*Du Lugubre.* Elle est primitive! Elle l'est.

*Rébeccot.* Elle prouve le droit de la femme *à priori.*

*Philis la Treille.* La raison se joint au sentiment pour applaudir à son éloge.

*La baronne.* J'étais bien sûre que nous trouverions parmi vous, messieurs, des défenseurs des principes.

*Philis la Treille.* En pouviez-vous douter? J'ai toujours chanté la gloire et l'amour.

*La baronne.* Vous sentirez, je n'en doute pas, lorsque plus tôt ou plus tard vous monterez à la tribune pour défendre des droits universels, messieurs, qu'il y va de votre renommée; et je n'ai pas le moindre doute que nous ne trouvions en vous des défenseurs zélés de nos intérêts politiques si long-temps méconnus, et que vous n'hésiterez pas à nous sortir de l'abîme et de l'abjection des préjugés pour nous faire définitivement rentrer dans l'ordre légal qui doit à tout jamais dominer la société. (*Sensation unanime.*)

*De Mordant.* Il n'y a rien, absolument rien à dire à cela! C'est l'ordre légal, tout à fait légal dans le droit commun.

*Dupinceau.* Une seule difficulté toute mathématique s'oppose à l'élan de nos sentimens.

*La baronne* (*avec humeur*). Et laquelle, monsieur?

*Dupinceau.* La Charte fixe le nombre des députés, et s'il fallait doubler ce chiffre, il y aurait infraction à la Charte.

*La baronne.* Les hommes ont leur Charte, pourquoi ne voulez-vous pas que nous ayons la nôtre?

*De Mordant.* Permettez, messieurs, qu'est-ce qui manque à notre siècle supérieur, je vous le demande? Des supériorités individuelles! Eh bien! prenons-les partout où elles se trouvent.

*La baronne* (*au duc*). Qu'il a d'esprit!

*Le duc* (*inquiet*). Cécile ne paraît pas, et l'heure s'écoule.

*La baronne*. Germain, avertissez Cécile qu'on l'attend avec impatience. (*Elle sourit au duc, qui, par un geste de satisfaction, exprime sa reconnaissance.*)

*Rébeccot*. Messieurs, c'est une question nouvelle, elle a besoin d'être examinée!... Nous sommes raisonneurs! nous n'amusons pas les femmes; en général, il faut en convenir! Ne serait-il pas prudent de leur donner part au gâteau, et de les intéresser à notre système de subversion, je veux dire de régénération de l'esprit humain?

*Vieugredin*. Dans le fait, nous avons l'air de les placer hors de l'égalité sociale, de les repousser de notre système universel de perfectibilité! Cela n'est pas encourageant.

*L'Agité*. Sans doute, et par ce déni de justice, vous donneriez un terrible renfort à la puissance occulte, et si redoutable de la congrégation.

*De Mordant*. Pourquoi ne pas émanciper les femmes? Emancipons les femmes, quand ce ne serait que pour ne pas les avoir contre nous.

*Dupinceau*. Pourquoi, messieurs, les institutions libérales manquent-elles leur effet, et produisent-elles le trouble, au lieu de l'harmonie? Par deux raisons : 1° parce que les hommes sont divisés d'opinions; 2° parce que les femmes, privées d'une portion légale des intérêts publics, ne peuvent s'attacher de cœur à notre ingrate législation.

*Rébeccot*. C'est bel et bon; mais, d'une autre part, il faut craindre de se désunir, de diviser les intérêts sociaux, et de produire de la confusion dans les intelligences.

*Dupinceau*. Ce ne serait pas les diviser, mais au contraire les réunir.

*Philis la Treille*. Et puis en définitive, peut-on ne pas admettre les femmes dans un système d'amour et d'enthousiasme?

*La baronne* (*à M. Sensé, en élevant la voix*). Comment, monsieur Sensé, je ne puis pas donner mon propre bien?

*Sensé*. Non, madame.

*La baronne*. Je ne suis pas maîtresse de disposer de mon million?...

*Sensé*. La loi le veut ainsi.

*La baronne*. Et quelle loi, monsieur, s'il vous plaît?... Je puis jeter mon argent dans la rivière, et je ne puis pas donner mon bien à qui bon me semble?

*Sensé*. Non, madame.

*La baronne*. Et pour quelle raison, veuillez bien me le dire?

*Sensé.* Parce que lorsqu'une femme est sous puissance de mari...

*La baronne* (*avec indignation*). Sous puissance de mari !...

*Sensé.* Elle ne peut contracter par elle-même aucun acte valide.

*La baronne.* Comment notre code, notre code civil n'a pas fait disparaître de nos mœurs ces honteuses expressions de la servitude !

*Sensé.* Hélas, non, madame!

*La baronne.* Eh bien! messieurs, voilà ce que vous appelez une Charte! (*grande sensation.*) Je voulais, messieurs, pour l'honneur des principes, dédommager mon gendre, monsieur le duc d'Embrouillamini, des sacrifices de fortune faits en faveur des libertés de tous, et voici que vos lois arbitraires enchaînent ma résolution, que j'ose appeler généreuse, et je ne puis accomplir le vœu du sentiment!

*Le baron.* Permettez donc, madame, votre fortune, c'est ma fortune.

*La baronne* (*avec surprise*). Et mon million!

*Le baron.* C'est mon million.

*La baronne* (*avec indignation*). Qu'osez-vous proférer?

*Le baron.* J'ai reconnu la somme par stipulation de mariage, mais vous n'avez rien versé dans la communauté... Donc!...

*La baronne (l'interrompant avec ironie)*. Donc, monsieur, très-certainement vous avez dû vous trouver fort honoré d'obtenir à ce prix la fille du général Merluchet, et j'ai payé cher de bien glorieux souvenirs.

*Le baron*. Nous-y voilà.

*La baronne (à l'assemblée)*. Le sexe sera-t-il donc toujours placé dans un cercle de déception?.... Ce n'est pas la peine, messieurs, d'être philosophes modernes pour vouloir une égalité mensongère; pour être libéraux le sceptre du despotisme à la main, et de crier à la liberté, tout en proclamant l'esclavage de la faiblesse!

*De Mordant*. Mon cher baron, allons, il faut souscrire au vœu de la générosité. Vous ne voudrez pas qu'une si noble pensée reste infertile, et l'heureux d'Embrouillamini recevra le prix de son généreux patriotisme.

*Le duc*. Arrêtez, mes bons, mes chers amis, n'affligez pas le cœur sensible d'un être plein de bonheur et de prospérité, qui déjà se trouve au comble d'une félicité plus qu'humaine.

*La Fleur (à la baronne)*. Mademoiselle n'est pas dans son appartement.

*La baronne*. C'est singulier! Voyez dans mon

appartement. (*Au duc.*) Je ne doutais pas de la délicatesse de vos sentimens; mais j'espère que vous ne refuserez pas définitivement cette expression de mes sentimens affectueux, autant que nationaux et philanthropiques, et que vous voudrez prouver au monde qui nous contemple, en agréant ce don d'une mère, d'une amie et d'une Française, que les femmes savent, comme les hommes politiques, reconnaître solennellement les vertus publiques, et que leur générosité ne peut être modifiée par des lois en contradiction avec les mœurs, qui se modifient en proportion du progrès des lumières et de la perfection universelle.

*Le duc.* Mon bonheur et ma reconnaissance me tiennent lieu, madame la baronne, de toutes les récompenses civiques et privées que votre générosité veut m'imposer. Ne veuillez vous inquiéter que de mon intime félicité.

*Le baron.* Puisque madame désire absolument vous faire des avantages matrimoniaux, monsieur le duc, et que cela doit plaire au parti libéral surtout, je souscrirai de grand cœur au vœu général, qui même me paraît unanime.

*Le duc.* Ce serait m'humilier, cher baron; n'obscurcissez pas le bonheur le plus complet.

*Vieugredin* (*au baron*). C'est parfaitement généreux, et bien digne de vous.

*Le baron* (*bas à Vieugredin*). J'étais bien sûr qu'il n'accepterait pas.

*Vieugredin* (*bas*). Et vous en avez le même mérite. (*Haut, et avec enthousiasme.*) Qu'ils sont généreux !

*La baronne.* Du moins ne dira-t-on pas que les sentimens nobles appartiennent exclusivement au sexe usurpateur des prérogatives humaines et sociales !

*Le général Sabretout.* Est-ce que v'là-t-il pas de la délicatesse véritable, ce qui s'appelle, de part et d'autre, ou je ne m'y connais pas !

*Rébeccot.* Cela fait honneur à l'époque.

*Le vicomte de Tremblotin.* Eh bien ! on dit que nous sommes dégénérés !

*Prince Carbonarino.* C'est de la vertou du bon temps de la répoublique romaine.

*Du Lugubre.* La femme primitive d'intelligence et l'homme social sont incommensurables ; je l'ai toujours dit.

*La baronne.* Vous êtes donc de mon bord, messieurs ; et vous me promettez que, lorsque de glorieux jours viendront luire sur notre patrie désenchantée d'illustres souvenirs de triomphe et de liberté, vous éleverez vos voix généreuses pour nous faire rendre cette portion de notre égalité véritablement citoyenne, qui fait tout le charme de l'existence et de nos espérances !

*De Mordant.* Il est impossible, de toute impossibilité d'hésiter là-dessus.

*Saitout.* Il faudrait être des barbares du siècle de Louis XIV, pour ne pas soutenir des droits si légitimes.

*Prince Carbonarino.* La répoublique romaine a souccombé. *Per chè?* parce que les dames romaines n'étaient pas consoulaires.

*Philis la Treille.* Je revendique la priorité pour le sol français. Les matrones des Gaules faisaient la paix et la guerre, et l'on vivait peut-être en repos.

*Rébeccot.* Le droit est là, est là tout entier !... Mais le préjugé, madame, sera difficile à vaincre ! La galanterie n'est pas le fait du législateur ; et c'est parce qu'il le craint peut-être, qu'il a banni le sexe, trop séduisant, du partage d'un pouvoir qui deviendrait irrésistible.

*La baronne.* Ainsi, vous redoutez notre tyrannie ?

*Rébeccot.* Oui, madame, parce que ce serait la seule que nous aimerions à supporter. (*Félicitations de l'assemblée.*)

*La Fleur.* Madame, mademoiselle n'est pas dans l'appartement de madame.

*La baronne.* C'est étrange! Avez-vous vu sa bonne?

*La Fleur.* M$^{lle}$ des Egards croyait mademoiselle ici.

*La baronne.* Elle sera probablement dans le cabinet de lecture.

*La Fleur.* Cela pourrait bien être; je vais chercher mademoiselle dans le petit cabinet de lecture.

*Le duc* (*à Vieugredin*). Cécile ne paraît pas; c'est inconcevable!

*Vieugredin.* C'est probablement de l'embarras.

*Le duc.* Du moins, n'est-ce pas de l'empressement.

*Sensé.* Tout est prêt, madame la baronne; et si M$^{lle}$ de Soussussous était présente, on pourrait commencer la signature du contrat.

*La baronne.* Les parens peuvent toujours signer.

*Sensé.* L'usage veut que les conjoints signent les premiers.

*La baronne.* Ils signeront ensuite.

*Sensé.* Je ne puis déroger à l'usage.

*La baronne* (*avec impatience*). L'usage! l'usage! Tout est chaîne, tout est tyrannie dans notre organisation sociale et décrépite... N'est-ce pas, messieurs?

*Sensé.* Notre ministère est important ; il doit être sévère.

*Le baron.* Quand on est en société choisie, le temps se passe toujours agréablement.

*Le duc* (*à la baronne*). Cette absence me désespère !

*La baronne* (*au duc*). Le bonheur fait votre inquiétude !... Que vous allez être heureux ! Ce n'est pas parce que Cécile est ma fille ; mais c'est un caractère charmant ! D'autres que moi parleraient de leur enfant, de ses talens avec enthousiasme : ma fille est bonne musicienne ; et puisque vous êtes originaire du vrai terroire musical, je puis vous dire qu'elle est musicienne d'organisation, et qu'elle se ferait un état de son talent. Mais ce n'est pas là ce que j'apprécie en elle : c'est une confiance tout entière pour ce qui doit la diriger vers des sentimens élevés ; et vous n'imaginez pas la confiance qu'elle a dans mes conseils et dans mon affection pour elle.

*La Fleur* (*l'air effaré*). Madame, mademoiselle n'est nulle part, et je ne sais par où mademoiselle est passée.

*Le baron.* Passée!..... Qu'est-ce que cela veut dire?

*La baronne.* Parlez!

*La Fleur.* Je disais, je veux dire...... que......

mademoiselle a disparu (*sensation*) on ne sait comment!..... Enfin, que M<sup>lle</sup> des Egards, que moi, que tout le monde la cherche! Enfin, nous sommes remontés dans l'appartement de mademoiselle!.... la fenêtre était ouverte. (*Frémissement universel*).

*Le baron.* Ah! ma pauvre enfant!... ma pauvre Cécile!

*La Fleur.* Mlle des Egards s'est précipitée quatre à quatre pour voir si mademoiselle s'était... ce qu'était devenue mademoiselle; et moi, j'ai cherché partout, de tous côtés, et j'ai trouvé cette lettre-ci.... Il y a dessus : « A mon papa, » et je crois que c'est pour monsieur le baron.

*Le baron.* Donne, La Fleur (*Ouvrant le billet avec empressement et maladresse*). Ma pauvre Cécile! Qu'est-ce que je disais ce matin!...... Voilà ce que c'est que le siècle des lumières et de l'insurrection (*Il lit*). « Mon cher petit papa! » (*Il pleure; tout le monde se presse en écoutant le baron, qui ne peut lire*). La Fleur, mes besicles!

*Du Lugubre.* Serait-ce la catastrophe?... Ne serait-ce pas la catastrophe?...

*Le baron* (*met ses besicles, et lit avec émotion*). « Mon cher petit papa, je pars sans vous « dire adieu. » (Dieu soit loué! ma pauvre Cécile n'est pas morte!) « Pour ne pas épouser M. le

« duc d'Embrouillamini. » (*Consternation générale.*) Qu'est-ce que je disais? « Et par peur de « maman, qui n'entend pas raison, et qui veut « me forcer à ce mariage. » (*Etonnement, et stupeur universelle!*)

*La baronne* (*indignée*). Fille atroce et dénaturée!

*Le baron.* « Je suis résolue à épouser mon cou- « sin Charles. » (Elle me l'avait bien dit.) « Je « vous en préviens. » (Elle a tout plein de caractère.) « Vous m'avez appelé sa petite femme « pendant toute mon enfance. » (C'est vrai.) « Je « me suis habituée à le regarder comme mon « futur époux, et je n'en épouserai pas d'autre « que lui. » (C'est assez naturel.) « Je vais en « Ecosse par le bateau à vapeur (*avec surprise*), « et il est inutile de faire courir après moi, car « toutes mes précautions sont prises, et j'évite « la ligne télégraphique. » (Etonnant siècle!..... Elle part par le bateau à vapeur, en évitant la ligne télégraphique! Prodigieuse jeunesse!) « Je vais me marier le plus tôt possible en « Ecosse, où l'on marie les jeunes filles que leurs « parens prétendent tyranniser. » (*Haussant les épaules.* Allons, nous voici dans la tyrannie.) « Aussitôt ma majorité, je ferai mes soumissions « respectueuses à vous et à maman, et si vous

« vous refusez à nos vœux, je prendrai toutes les « mesures légales pour régulariser un mariage « qui fera, j'en suis sûr, le bonheur de ma vie. « Cécile DE SOUSSUSSOUS. » (*Stupeur générale.*) Je prendrai toutes les mesures légales pour régulariser un mariage qui fera le bonheur de ma vie! Une fille de.... pas encore dix-sept ans!.... Siècle incompréhensible!.....)

*La baronne* (*accablée sous les plus pénibles sensations d'orgueil et de vanité blessés, laisse échapper ces mots de fureur et de malédiction*). L'humiliation est un supplice! le ridicule, c'est la mort!

(Elle chancelle et tombe pâmée dans les bras d'une bergère placée tout exprès pour la recevoir.) (*Epouvante générale.*)

*Le baron.* Messieurs, mesdames, ce ne sera rien! rassurez-vous, c'est son attaque de nerfs.

(Les dames et le chevalier de Mordant entoure la baronne; on lui prodigue des eaux de senteur, du vulnéraire, des consolations de toute espèce et les conseils vulgaires propres à la circonstance).

*Le duc* (*isolé sur le devant de la scène*). Implacable fortune! tu ne m'as souri que pour me trahir!....

*Le baron.* Mesdames, ce n'est rien; ce ne sera rien! Ce sont ses vapeurs, quand quelque chose la contrarie.

*De Mordant.* Mais, baron, vous êtes d'un égoïsme, d'un sang-froid ultrà-marital !

*Le baron.* Eh! mon Dieu! soignons-là, soignez-là, je ne demande pas mieux.

*De Mordant.* Si nous la portions dans son appartement; elle a besoin d'air, de repos.

*Le baron.* Il n'y aurait pas de mal à cela.

(On emporte la baronne. De Mordant, les intimes amies et le baron suivent le cortége.)

## SCÈNE IX.

LES PRÉCÉDENS.

*Le duc* (*sur le devant de la scène*). Quelle position!.... Que dois-je faire?.... Dois-je quitter la partie?.... Et mes billets!.... Ma position est horrible!.... Dois-je les perdre encore? L'ami d'un jour, l'ami de cœur ne m'aura-t-il pas trahi comme la fortune?

(La petite bourgeosie de famille, la grande armée et les littérateurs libéraux et gazetiers se pelotonnent dans toutes les parties de la salle. Les notaires, après s'être concertés, ont plié bagage, et successivement les convives les moins sociaux et les plus embarrassés de leur contenance, sortent en faisant tous, hommes ou femmes, une profonde révérence pleine de circonstance, au héros avorté de la soirée matrimoniale et politique. Le duc reçoit avec la dignité convenable à sa triste situation, les complimens de condoléance des amis du baron, de la baronne et de l'humanité. Pendant cette pantomime, les hommes du jour se groupent et dissertent à part sur les mésaventures de la soirée.)

*Rebeccot.* Messieurs, à moins que nous ne soyons destinés à courir après la mariée, je ne vois pas que notre présence ici puisse être d'un intérêt majeur.

*Le vicomte de Tremblotin.* En effet, ne serait-il pas convenable de nous retirer sans fracas?

*Du Lugubre.* Il serait bien fait, en quittant le duc, de jeter quelques fleurs sur la tombe...... de son bonheur.

*Rébeccot.* Ce ne serait pas mal fait.

*L'Agité.* Ce serait même.......... poli.

*Tremblotin.* Il n'y aurait même pas d'inconvénient..........

*Rébeccot.* Si nous désignions un d'entre nous pour lui transmettre nos regrets communs avec quelqu'apparat de convenance?

*Philis la Treille.* Ce serait presque un motif élégiaque!

*L'Agité.* Cela se pourrait, cela ferait un effet analogue à la situation morale de..... l'assemblée.

*Rébeccot.* Eh bien! si vous m'en déléguiez le pouvoir, je lui ferais deux mots de discours, simple et sans prétention, analogue enfin à la circonstance.

*Du Lugubre.* Mais tout simplement, pourquoi ne lui dirions-nous pas chacun notre expression de compliment et de condoléance?

*Dupinceau.* Cela multiplierait les émotions et les souffrances inutilement.

*Saitout.* Non, chacun doit avoir personnellement son mot à dire et sa part de sensibilité proportionnelle.

## SCÈNE X.

LES MÊMES, LE BARON.

*Le baron* (*à l'assemblée*). Elle est mieux! beaucoup mieux! J'en étais sûr; elle n'est pas encore complètement dans son assiette naturelle, mais cela ne tardera pas. (*Au duc, plongé dans l'abattement le plus complet.*) Monsieur le duc, je suis véritablement mortifié, consterné d'un événement qui vient contrecarrer tous nos projets, toutes nos espérances. Mais voyez-vous, le siècle ne peut tout contenir, tout allier; l'autorité des pères et les droits tout naturels d'une jeunesse vraiment avancée pour son âge... Il faut, monsieur le duc, plier devant l'époque, qui, pour compensation, nous amènera quelque bon remue-ménage en faveur de l'humanité. Ainsi, j'espère que vous n'accuserez pas la sincérité de mes intentions à votre égard.

*Le duc.* Il est de ces revers qu'on ne peut calculer : ce n'est pas vous, c'est ma destinée que j'en accuse.

*Le baron.* On a vu sans doute, dans des temps antérieurs, de jeunes filles se soustraire à l'autorité paternelle, c'est vrai ; mais voyait-on des filles de dix-sept ans calculer leurs droits politiques comme des jurisconsultes, étudier les lignes télégraphiques, et les éviter prudemment, comme pourrait le faire un capitaine de cavalerie légère, je vous le demande?

*Le duc.* Chaque époque a ses mœurs, son caractère de civilisation ou de barbarie.

*Le baron.* Vous savez que l'autorité paternelle est peu de chose dans un siècle sublime comme le nôtre. Les pères n'ont à peine qu'une puissance imperceptible, occulte même, et probablement et très-incessamment les pères et mères donneront définitivement leur démission.

*Le duc* (*à part*). Funestes chimères!

*Le baron.* Je n'ai que cette enfant, monsieur le duc; je la perds, excusez ma douleur ; mais j'espère que vous la trouverez légitime, car il est si cruel, quand on a quelques millions, de ne savoir à qui les laisser après soi!...

*Le duc*. Veuillez me regarder toujours comme un de vos enfans.

*Le baron*. Bien sensible, certainement, à cette marque d'estime et de préférence de votre part.

*Un domestique*. Cette lettre est très-pressée. (*La foule entoure le duc, qui fait des signes de remerciement, entremêlés de signes d'impatience.*)

*Le baron* (*sur le devant de la scène, lit le billet*). « Sur le bruit de la révolution de vos « bureaux, vos créanciers chirographaires, com- « manditaires et hypothécaires se sont réunis. Ils « s'étonnent, ils s'effrayent; Bourbonet a saisi « le temps! il a fait un pont d'or à l'Encaisse. « Votre crédit est compromis. Le mal s'accroît, « comme la calomnie se propage. Vos millions « sont menacés. Accourez dissiper les alarmes. « Déjà le plus enthousiaste de vos créanciers, « celui qui voulait faire nommer la Chaussée- « d'Antin la rue Soussussous, a fait la motion de « l'appeler rue de la Banqueroute. Vous sentez « les conséquences de la position! Accourez au « plus vite! » Votre fortune est compromise!... funeste esprit d'indépendance et de bouleversement. Il n'y a pas un instant à perdre!... (*Au duc.*)

M. le duc, messieurs, pardon si je vous quitte! J'en suis mortifié! mais l'état de M^me la baronne ne me permet pas d'avoir l'honneur de rester plus long-temps éloigné d'elle. (*Il va pour sortir du côté de l'appartement de sa femme, et quand il s'aperçoit qu'on ne le regarde plus, il sort furtivement par la grande porte d'entrée, pour se rendre à la réunion de ses créanciers.*)

## SCÈNE XI.

LES PRÉCÉDENS.

*Rébeccot* (*au duc, avec réflexion et fermeté*). Les hommes forts, comme vous et moi, surmontent les contrariétés de la vie. L'estime publique console de tout, et vous offrirez courageusement vos tribulations à la philosophie moderne, qui vous consolera nécessairement. (*Il salue et sort.*)

*Philis la Treille* (*la larme à l'œil*). Quand on a des amis dont le cœur sympathise avec nos infortunes, c'est un pas vers la vie d'une âme ulcérée!... des larmes et du désespoir, de l'anéantissement et des larmes! Il n'y a que cela pour surmonter une douleur inaltérable.

*Saitout* (*avec légèreté*). Croyez-moi, mon cher duc, renoncez à l'amour, le temps en est passé.

Rendez-vous justice de bonne heure. Laissez le champ libre a vos survivans. La politique peut quelque temps encore vous conduire généreusement au bout d'une carrière que vous aurez toujours honorée; mais, croyez-moi, préparez-vous plus tôt que plus tard une retraite honorable, et n'exposez pas votre réputation aux injures du temps. Vous êtes sage. Adieu. (*Il sort.*)

*De Tremblotin.* Je sens combien votre position est délicate ! Je voudrais vous donner des conseils, je voudrais vous apporter des consolations; mais je sens trop tout ce qu'il y a d'incertain dans votre espérance, pour prendre sur moi la responsabilité d'un conseil; mais je fais, mon cher duc, des vœux bien sincères pour le succès de vos espérances.

*Carbonarino.* Mon zer duc. Lé sort é cruel et barbare; mais la répoublique foutoure vous consolera.

*Le duc.* Parlez bas. (*Le prince et le duc s'entretiennent en gesticulant.*)

## SCÈNE XII.

LES PRÉCÉDENS, NABAUCOURT.

*Nabaucourt* (*à Du Lugubre*). Eh bien! qu'ai-je appris? la bonne histoire! c'est précieux véritablement!

*Du Lugubre.* Lamentable résultat des préoccupations modernes.

*Nabaucourt.* En un mot, la mariée manque à l'appel! n'est-ce pas cela?

*Du Lugubre.* C'est une de ces catastrophes de l'ordre social en décrépitude!

*Nabaucourt.* Le tour est impayable! ne trouvez-vous pas?

*L'Agité.* Nous sommes dans la consternation!

*Nabaucourt.* Je suis dans la joie, parce que, voyez-vous, messieurs, après les bonnes trahisons, ce que j'aime le mieux au monde, ce sont les bonnes mystifications.

*Du Lugubre.* Ah! M. de Nabaucourt, qu'osez-vous proférer?

*Nabaucourt.* Qu'est-ce donc?

*Du Lugubre.* Ce mot de trahison a quelque chose de tellement sinistre!.......

*Nabaucourt.* Vous prenez toujours les choses au sérieux!

*Du Lugubre.* Puisse le ciel vous en préserver, être léger autant que superficiel!

*Nabaucourt.* Ne nous disputons pas sur les mots.

*L'Agité.* Ecoutez, on a des ménagemens à garder avec sa propre délicatesse.

*Nabaucourt.* Savez-vous pourquoi je me suis fait libéral avec cette livrée des Tuileries? Le voici : Les rois de France, depuis deux cents ans, ont persécuté la noblesse française, anéanti la féodalité qui les soutenait; ils les ont abandonnées, je les abandonne aussi.

*Du Lugubre*. En habit de cour?

*Nabaucourt*. A cause de cela.

*L'Agité*. Comment donc?

*Nabaucourt*. C'est tout simple; à la cour on est dans la foule. Le cher Du Lugubre et moi nous ne brillons pas au milieu de ces dos inhumains, de ces colosses monarchiques qui nous oppressent par leur corpulence gigantesque; au lieu que des galons, au Comité directeur, vous classent à part, et nous sortirons de la foule.

*Du Lugubre*. Mais, brillez-vous à votre comité? Y serait-on supérieur?

*Nabaucourt*. Pourquoi pas, si l'on était dans le mouvement.

*Du Lugubre*. J'ai fait marcher mon siècle.

*Nabaucourt*. Ah! ah! vous l'avez poussé devant vous, mais vous êtes furieusement resté en arrière!

*Du Lugubre*. Ecoutez, on s'arrête sur le bord de l'abîme!

*Nabaucourt*. Si j'avais votre talent, votre génie, veux-je dire, je voudrais mener une république.

*Du Lugubre*. Qu'on me donne à diriger une

monarchie représentative ou non, je ne demande pas autre chose.

*L'Agité.* Toujours modeste, mon illustre ami!

*Nabaucourt.* Mais ne perdons pas de temps, allons égayer les Tuileries, qui ne s'amusent pas tous les jours, de la petite escapade de la Chaussée-d'Antin.

*Du Lugubre.* C'est fort bien, mais nous offrons au duc successivement nos angoisses et nos regrets.

*Nabaucourt.* Rien de plus juste.

*L'Agité.* On n'imagine pas à combien d'émotions, dans ce siècle, on est journellement exposé. On ne vit que de cela.

*Nabaucourt.* Il ne faut pas se laisser aller. Ma devise est : « Aide-toi, l'enfer t'aidera. »

*L'Agité.* Ah! cher ami, c'est trop fort.

*Nabaucourt.* Qu'il est niais! Il aura beau faire! il sera toujours de l'ancienne école.

*Du Lugubre* (*s'approchant à la Talma du duc, après le départ du prince Carbonarino*). J'ai toujours regardé le bonheur comme l'écueil de la vie! aussi disais-je tantôt à nos imprudens amis qui se réjouissaient de votre avenir : « Puisse la catastrophe n'être pas près de la solennité!.... » Mais les intelligences supérieures ont bien des ressources dans la profondeur de leur pensée! C'est dans le malheur qu'elles se complaisent, et c'est là seulement qu'elles trouvent d'inépuisables consolations. (*Il lève les yeux au ciel, pousse un soupir éclatant et prolongé, et sort de la salle comme un héros de tragédie.*)

*Nabaucourt.* Cher duc, les afflictions de cœur, les mécomptes de sentiment, à Paris, sont bientôt réparés, et vous ne languirez pas long-temps, je vous le proteste, quand même la politique ne nous consolerait pas complètement. Je suis tout à fait rassuré sur votre compte, et vous prendrez la chose joyeusement, j'en suis persuadé! Adieu. Ah!... ah!...

*L'Agité* (*au duc mystérieusement*). Je sais d'où le coup part! Ou je me trompe fort, et je ne crois pas me tromper!... méfiez-vous de la congrégation!... Le coup part de là!.. méfiez-vous-en! (*en lui serrant la main*) méfiez-vous-en! (*Il sort.*)

*Le duc.* Peut-on plus incapablement se voir mystifié!

## SCÈNE XIII.

LE DUC, VIEUGREDIN, BAVARDIN.

*Bavardin* (*au duc*). Qu'ai-je appris, cher ami! funeste mésaventure! Serait-il vrai?... Serait-elle véritable cette nouvelle inopinée autant que désastreuse? .. Oui, ce regard et ce soupir me confirment dans la réalité de mes appréhensions!.... Ah! cher, respectable et malheureux ami, disposez de moi, de mon être, de mon activité tout entière. Dites, que puis-je pour vous?... Qu'ordonnez-vous de vos nombreux amis?... Quand ce serait une émeute populaire, une erreur occulte, une suspicion officieuse, vos amis emploieront tout pour vous remettre dans la complète légitimité de vos droits un instant méconnus! Mais vous êtes homme, mon cher duc, et quand on a votre force de caractère et des amis comme vous en avez, et comme vous méritez d'en avoir, on surmonte facilement les épreuves amères d'une vie magnanime et glorieuse. Ainsi, je vous quitte avec la ferme confiance que vous bannirez avec caractère et supériorité toutes les sinistres pensées d'un dépit amoureux qui ne peut être que futilité pour une âme aussi belle et aussi généreuse que la vôtre!... Mais quand j'y pense, je puis vous servir!... Je cours à la police, dont j'ai dans la main, et je vous le confie sous le plus grand secret, un des plus intelligens et des plus influens sous-commis, et je ne doute pas de vous faire incessamment rentrer dans la plénitude de vos droits, autant que la justice puisse y parvenir en semblable occurrence. — Adieu, je vais à la police, et je n'espère pas vous revoir aujourd'hui.... Dix cercles où j'ai des intérêts publics et privés à ménager, me forcent à m'éloigner de vous dans un moment où vous avez tant besoin d'amitié! mais je ferai marcher tout à la fois les affaires publiques et vos intérêts les plus immédiats; car j'ai ce bonheur-là, c'est de mener généralement à bien les affaires dont je m'occupe! Aussi, le parti fait-il cas de mon zèle heureux, et les journaux prodiguent les éloges les plus flatteurs à mon actif désintéressement; et c'est bien naturel; car vous ne sauriez croire, mon cher duc, combien dans mon endroit l'influence d'un homme un peu supérieur a de prépondérance sur l'esprit public et sur la direction des idées... Par exemple, vous connaissez notre petit vicomte, vous savez bien, le vicomte du Fausset!... Eh bien! il était depuis long-temps candidat de la congrégation, et sa jeune moitié, femme tout à fait intéressante, ne pouvait supporter l'air dédaigneux de sa rivale en politique, M^me^ de Bonsens, dont le mari l'emportait presque annuellement sur son compétiteur exagéré!.. Je m'insinue amicalement dans les deux intérieurs; j'excite, j'irrite l'orgueil des deux épouses! Les maris prennent fait et cause; bref, en très-peu de temps, j'enfourne, et sans qu'il s'en doute, dans le parti libéral, le cher Du Fausset, aujourd'hui l'un des plus véhémens de la montagne, de la résistance, veux-je dire! Vous voyez que ce n'est pas maladroit, et j'ose dire que, si le parti faisait des prosélytes dans ma proportion, nous n'en serions plus à la veille d'une révolution de principes, de famille et de modération! Je vous en donne bien ma parole d'honneur; mais ce qu'il y a de plaisant, c'est que la jolie petite M$^{me}$ Du Fausset, pour faire des prosélytes et gagner des voix à son mari (qui, je pense, lui savait gré de l'intention), ne négligeait aucun moyen d'avancer ses affaires!... N'est-ce pas aimable, délicieux même, de rendre service à son pays et de faire marcher de front l'amour et la politique? Mais, de grâce, de la discrétion; car quoique Du Fluet m'aime et m'estime, cependant, il est de ces choses qu'il vaut mieux ne pas ébruiter!... mais je pars, force est à moi de vous quitter, cher duc; je reviendrai, je vous le proteste, à la première opportunité, vous offrir les consolations de la plus ardente et la plus inaltérable amitié!... Adieu, j'espère incessamment vous apporter d'heureuses nouvelles. (*Il sort.*)

*Le duc.* Malheureuse république, à quel sort es-tu réservée?

*Bavardin* (*revenant sur ses pas*). Pardon! j'oubliais le plus essentiel. Vous pensez, peut-être, que la fugitive aura pris la route la plus directe? Cela paraîtrait présumable; mais une circonstance vraiment toute particulière m'en a fait juger autrement..... Il faut que vous sachiez que je suis particulièrement lié d'amitié avec le directeur-général des lignes télégraphiques (il est d'une juste prévoyance d'avoir ces gens-là dans la manche); et comme il ne se fouette pas un chat dans Paris que je n'en sois informé dix minutes après, j'ai su peut-être avant vous l'aventure du jour.

Vous ne serez peut-être pas fâché de savoir les détails de l'évasion? Les voici : Votre future est sortie tout simplement par la porte du jardin dont M. le baron de Soussussous conserve seul la clef par prudence; et je soupçonne fort La Fleur, un rusé drôle, qu'il a fait ce matin valet de chambre, d'avoir soustrait cette clef de sûreté pour favoriser l'évasion qui s'est faite indubitablement par la petite rue dérobée, où l'attendait mystérieusement, depuis plus d'une demi-heure, une voiture de remise qui bientôt s'est dirigée vers le boulevard, où sans doute une chaise de poste l'attendait. Mais là, j'ai perdu le fil de l'évasion. Je n'ai pas perdu de temps; j'ai couru chez mon ami, où j'ai su que le télégraphe numéro 40 et quelques avait été incendié. Vous savez que les incendies sont communs! Un trait de lumière m'a frappé; je me suis dit : C'est le complot, et c'est là la direction de l'évasion. Vous voyez que je mets du zèle à tout ce qui vous intéresse, et que je ne ferais pas plus pour un frère ou pour mon plus intime ami. Ainsi, je vous engage à prendre vos précautions en conséquence. Heureux si je pouvais coopérer à votre bonheur!

Nous n'avons pas encore à nous féliciter, monsieur le duc, de l'heureux avenir qui se prépare pour nous : mais nous n'en resterons pas là; et si je pouvais, un jour, vous être utile à la direction de la haute police d'un gouvernement quelconque, je vous prie de compter sur mon dévouement.... Adieu; je suis forcé de m'éloigner.

## SCÈNE XIV.

LE DUC, VIEUGREDIN.

*Le duc.* C'est le coup de pied de l'âne!... Je tremble pour mes billets!... Heureusement que la terre est engagée d'avance!...

*Vieugredin* (*seul avec le duc*). Monsieur le duc, le sort nous a maltraités; mais, du moins, je suis en mesure de compter sur votre estime, et de vous prouver l'intérêt sincère que je vous porte.... Je ne me suis pas dessaisi, avant l'évènement, des billets que vous m'aviez confiés ; les voici. Puisse cette circonstance me confirmer dans les sentimens de confiance dont vous avez bien voulu m'honorer !

*Le duc.* Ah ! cher Vieugredin, que votre délicatesse me touche ! et que j'aime en vous cette alliance de patriotisme et de probité, qui se rencontre si rarement aujourd'hui ! Me le pardonnerez-vous ? Je vous soupçonnais !... Il faut en convenir, notre parti serait prépondérant, sans cet amalgame des plus nobles vertus et de ces hommes sans principes, de ces brouillons politiques que le parti ne peut éloigner de ses rangs. Mais, plus je formais des doutes sur la délicatesse de vos sentimens, plus votre procédé vous élève dans mon opinion, et vous assure mon estime et ma confiance.

*Vieugredin.* Monsieur le duc connaît parfaitement le côté faible de notre position ; mais nous opposerons à ces hommes tarés de toutes les époques, qui s'attachent aux idées modernes comme à la planche de salut, vos vertus, ce caractère si noble et ce désintéressement si généreux qui vous placent si haut dans l'estime du monde.

*Le duc.* Adieu, cher et respectable Vieugredin !

*Vieugredin.* J'attends ce malheureux baron ;... il a besoin de ne pas être seul.

*Le duc.* Excellent cœur ! excellent ami !

*Vieugredin* (*à part*). Il en est quitte à bon marché !... Je ne sais ce que je vais dire à de Mordant ; il regrettera ses billets, je le parie. Mais je ne suis pas homme à risquer mon existence dans le monde pour un ami de cette trempe.

## SCÈNE XV.

VIEUGREDIN, DE MORDANT.

*De Mordant.* Eh bien ! que devient notre affaire ? Funeste contre-temps !... Pouvait-on prévoir une semblable escapade ! Cette petite sotte nous ruine.

*Vieugredin* (*ironiquement*). Une première leçon d'amour, c'est une fortune.

*De Mordant.* Il faut l'avouer, c'est l'époque de la perversité.

*Vieugredin.* Le progrès des lumières, une civilisation nouvelle amènent des caractères nouveaux.

*De Mordant.* Il faut convenir que nos idées mènent parfois à de grandes extravagances.

*Vieugredin.* Au reste, rien n'est perdu, l'honneur est sauf.

*De Mordant.* Que voulez-vous dire, philosophe à mots sonores?

*Vieugredin.* La délicatesse d'un libéral et d'un ami de l'ordre légal ne doit pas même être soupçonnée.

*De Mordant.* Perfide!... Et mes billets!...

*Vieugredin.* Ils étaient mal acquis, et je me les reprochais intérieurement.

*De Mordant.* Misérable! nous aurions partagé.

*Vieugredin.* Ménagez, s'il vous plaît, ma délicatesse. Nous avons besoin du monde, et le crédit du duc, que je n'ai point trahi, sera notre fortune irréprochable.

*De Mordant.* Hypocrite!... Et le journal! Que gagnez-vous là-dessus, exécrable spéculateur que vous êtes?

*Vieugredin.* Peu de chose.

*De Mordant.* Encore...

*Vieugredin.* Point d'argent comptant.

*De Mordant.* Malheureux!

*Vieugredin.* Foi d'homme d'honneur.

*De Mordant.* Croyez-vous m'abuser? Qu'avez-vous reçu?

*Vieugredin.* Cinq mille francs de rente viagère.

*De Mordant.* Impossible!

*Vieugredin*. Réversible sur votre tête.

*De Mordant*. Vous serez éternel!...

*Vieugredin*. Excusez-moi, je pensais à vos vieux jours.

*De Mordant*. Grâce de vos leçons; pour moi, la jouissance est celle de l'instant.

*Vieugredin*. Trouvez bon que j'existe encore.

*De Mordant*. La fortune m'échappera toujours! Maudite existence!...

*Vieugredin*. Du sang-froid, jeune homme.

*De Mordant*. Je n'en ai plus contre l'attente.

*Vieugredin*. Je vous croyais de la fermeté!

*De Mordant*. Le sort me persécutera toujours!

*Vieugredin*. Le désespoir n'est bon à rien. N'éloignons pas de nous notre fortune acquise : restons hommes du monde; et, tant qu'il existera des dupes, notre patrimoine est assuré.

## SCENE XVI ET DERNIÈRE.

LA FLEUR, seul.

Les voilà partis! les mauvais garnemens! Je ne suis qu'un drôle, soit dit entre nous.... Eh bien! je me crois encore le plus honnête homme de la maison!

FIN.

# TABLE

DES MATIÈRES CONTENUES DANS LE SECOND VOLUME.

## ACTE IV.

## ACTE V.

Pages.



## ACTE VI.

## ACTE VII.



## ACTE VIII.

*Pages.*

## ACTE IX.

Pages.



## ACTE X.

## ACTE XI.

## ACTE XII.

## ACTE XIII.

Pages.



## ACTE XIV ET DERNIER.

Pages.

FIN DE LA TABLE DU SECOND VOLUME.